Holger Machatschek

Richtig Wildwasserfahren

BLV SPORTPRAXIS TOP

BLV

Die Deutsche Bibliothek –
CIP-Einheitsaufnahme

Machatschek, Holger:
Richtig Wildwasserfahren /
Holger Machatschek. – München;
Wien; Zürich: BLV, 1993
(BLV Sportpraxis Top)
ISBN 3-405-14494-9
NE: HST

Titelfoto: Sinterstufen der
Una in Kroatien.
Abb. Seite 2/3: Auf der Sanna bei
Landeck in Tirol.

BLV Verlagsgesellschaft mbH
München Wien Zürich
8000 München 40

BLV Sportpraxis Top

Zweite Auflage

Satz und Druck: Appl, Wemding
Bindung: Conzella, Urban Meister,
München

Gedruckt auf chlorfrei gebleichtem
Papier (Royal Focus)

ISBN 3-405-14494-9

Bildnachweis
Peter Dinter: S. 60 mitte
Jürgen Gerlach: S. 118, 123, 124/125
Uli Herböck: S. 114
Thomas Kalb: S. 115
Hajo Mück: S. 83
Max Pollner: S. 118
Tina Radke-Gerlach: S. 2/3
Wolfgang Waldmüller: S. 23
Alle anderen Fotos vom Autor
Grafik: Hellmut Hoffmann

Umschlaggestaltung:
F & H Werbeagentur GmbH, München

Vorwort

Sprach man früher vom Kanufahren oder Paddeln, so dachte man unwillkürlich an geruhsames Wandern und beschauliches Gleiten. Heute ist das anders.
Mit dem Begriff Kanufahren verbindet sich immer stärker der sportliche, der aktive Aspekt. Kanufahren als Wildwassersport: Diese Art Naturerleben fasziniert von Jahr zu Jahr mehr. Kein Fluß ist mehr zu weit, keiner zu reißend, kein Wasserfall zu gewaltig, um ihn nicht auf seine Befahrbarkeit hin zu untersuchen. Robustere Boote, stabilere Paddel und nicht zuletzt eine rasante Steigerung des Fahrkönnens trugen dazu bei. Wenn heute eine beeindruckende Gefällestufe oder eine komplizierte Kataraktpassage elegant, spielerisch, beherrscht und sicher gefahren wird, so ist in diesem Können ein hohes Maß an Technikentwicklung und Erfahrung versammelt. Weit und auch ein wenig mühsam - warum soll man es verschweigen? - ist der Weg vom ersten Einsteigen in ein wackliges Kajak bis zum souveränen Wildwassergenuß. Daß dieser Weg nicht zu mühsam wird, daß sich Enttäuschungen in Grenzen halten und daß vielleicht sogar das eine oder andere Mal beim Lernen ein bißchen Spaß aufkommt, dazu soll dieses Buch dienen.

Der Fluß findet immer seinen Weg. Hier durch die Felsriegel der Verzasca im Tessin.

Wildwasserfahren ist eine jener Sportarten, die auf einem *sich bewegenden Element* stattfinden. Damit ist es nur wenigen anderen (dem Segelfliegen etwa) vergleichbar.
Auch innerhalb des Kanusports nimmt es eine Sonderstellung ein. Als echte *Natursportart* braucht das Wildwasserfahren keine Sportanlagen, keine Bauten oder Veränderungen der natürlichen Gegebenheiten. Andererseits bedingt dies ein ständiges Auseinandersetzen mit den Erscheinungsformen des Flußlaufes, dem Sportgerät und dem eigenen Können. Die reine Paddeltechnik ist also nur ein Teil des Begriffs Wildwasserfahren.
Ein anderer, untrennbarer Teil ist das unmittelbare Naturerleben, ist die Freude am Wasser und besonders am fließenden, rasch strömenden Fluß. Gerade das ist aber auch das Kriterium. Sich mit dem Boot in der Strömung sicher bewegen zu können, ist die Voraussetzung für spätere Erlebnisse.
Wie alle Natursportarten ist das Wildwasserfahren wechselnden Einflüssen ausgesetzt. Nieder- oder Hochwasser, Muren, Einschwemmungen, niedrige Wassertemperaturen sind Faktoren, die mit den beständigen wassertechnischen und flußgeographischen Schwierigkeiten immer neue Situationen ergeben. So kommt es also nicht nur auf eine gute Kajaktechnik und auf gutes Sportgerät an, sondern es geht auch um Naturverständnis, um das Voraussehen kritischer Momente und – häufig genug – um gute Nerven. Denn nicht alle Flußfahrten verlaufen harmlos. Kleine Fehler, Nachlässigkeiten ziehen oftmals fatale Folgen nach sich.
Dieses Buch wendet sich deshalb besonders den praxisnahen Situationen zu. Die wichtigen Verhaltensmuster und die ständig vorkommenden Basistechniken werden immer im Zusammenhang mit der Flußsituation gesehen. So ist das Buch sowohl eine Unterstützung zum Kanuunterricht als auch eine fundierte Anleitung für den Autodidakten.
Gerade beim Kajakfahren ist das eigene Erlernen sehr gut möglich. Die Fehler sind schnell erkennbar und damit leicht zu korrigieren. Jede falsche Bootsbewegung ist ja die sofortige Antwort auf einen falschen Paddelschlag. Und selbst die einst komplizierten Bewegungsabläufe wie z. B. bei der Eskimorolle sind hier leicht erfaßbar und erfolgreich nachvollziehbar dargestellt.
Der langjährige Wanderfahrer, der sich auch einmal mit dem Wildwasserfahren auseinandersetzen will, wird aber ebenso wertvolle Anregungen finden können. Freilich sind dauerhaft eingeprägte falsche oder ungeeignete Paddeltechniken nur schwer wieder auszumerzen.

Dem Wanderfahrer kommt aber in der Regel seine lange Flußerfahrung zugute, mit der er Mängel in der Technik ausgleicht.
Nicht zuletzt wird der fortgeschrittenere Kanufahrer eine Reihe wertvoller Anregungen für eine erfolgreiche Taktik in Wildwassersituationen finden.
Das Kapitel »Sicherheit« schärft das Gefahrenbewußtsein und führt zu den wichtigsten Maßnahmen in den Bereichen von Unfallvorbeugung, Sicherung, Retten und Helfen.
Hinweise auf Flußführer, auf die Probleme Umwelt und Recht, auf den Wettkampfsport sowie ein Fachwörterverzeichnis beschließen das Buch.

Kleine Abenteuer: Die Schyn-Schlucht der Albula in der Schweiz.

Flußformation

Die Gestalt eines Flusses - von der Quelle bis zur Mündung - ergibt sich aus einer Reihe von vor allem *geologischen Einflüssen.* Die Beschaffenheit des Geländes, besonders die Härte des Gesteins, die Ausformung des Talgrundes und des Einzugsgebietes, ferner zufließendes Geschiebe durch Muren, Lawinen, Erosion, die Hebung oder Senkung des Untergrundes gehören dazu. Klimatische Einflüsse wie Frost, mäßiger oder starker Niederschlag formen ebenso mit wie der Mensch.

Bauliche Maßnahmen können Fluß- und Tallandschaften nachhaltig verändern, können natürliche Abläufe unterbrechen und oft genug irreparabel zerstören. Solche Maßnah-

1

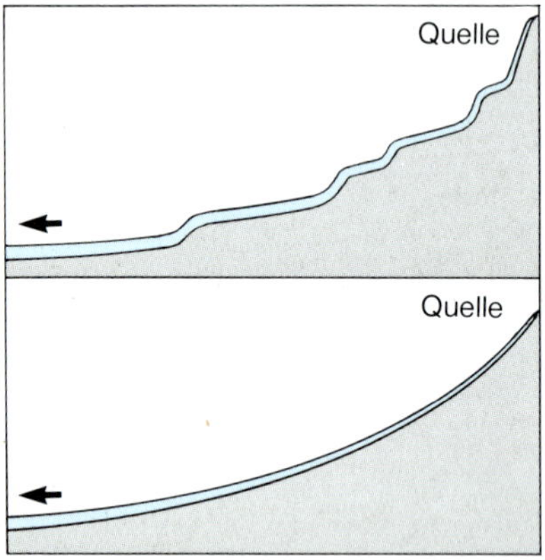

Flußbettformen

1 Eine unausgeglichene Gefällekurve deutet auf einen noch jungen Flußlauf hin, während »reife« und alte Flüsse meist ausgeglichene Gefälleprofile aufweisen.

2 Kerb- oder V-Tal.

3 Trogtal

4 Windungsreiche Flüsse haben meist wenig Gefälle. Es handelt sich um Mittel- und Unterläufe.

5 Eingeschnittene Klamm. Meist durch Hebung des Umlandes entstanden.

2

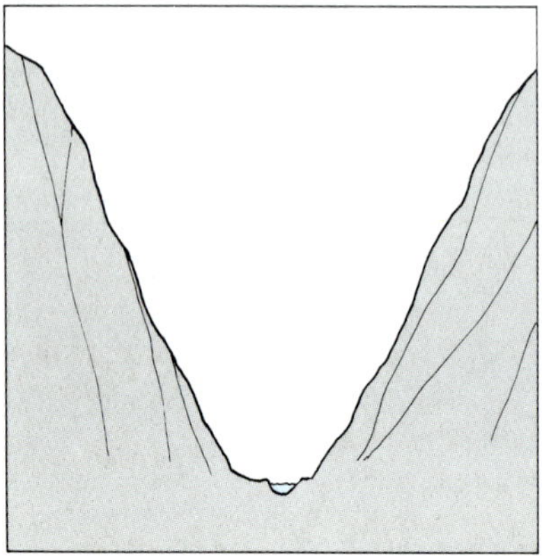

3

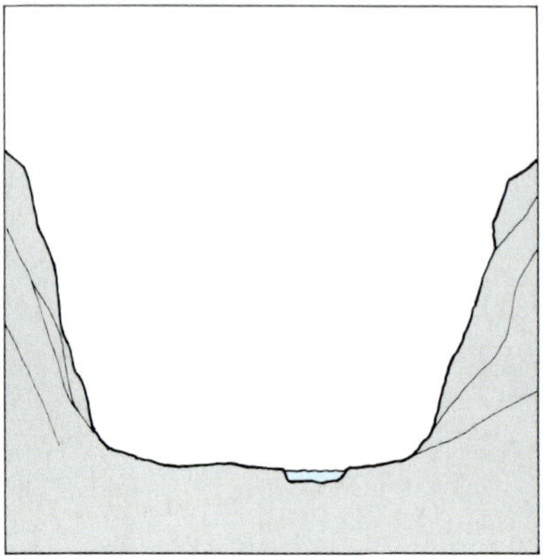

men sind z. B. Gefälle- oder Uferverbauungen mit entsprechenden Folgen der Flußbetteintiefung. Die Anlage von Geschiebe-Bremsen ist zu nennen wie umfassende Regulierungen und Kanalisierungen. Stauseen, Umleitungen von Flüssen oder Trockenlegungen mit größtenteils unabsehbaren Folgewirkungen müssen ebenfalls erwähnt werden.

All dies zeigt, daß ein Fluß sich ständig verändert oder von außen verändert wird. Der Kanufahrer muß sich also *den Gegebenheiten anpassen.*
Wenn man die Befahrung eines Flusses plant, wird man versuchen, sich vorher ein Bild zu machen.

Typische Klammformation weist die Cannobina im italienischen Tessin auf.

4

5

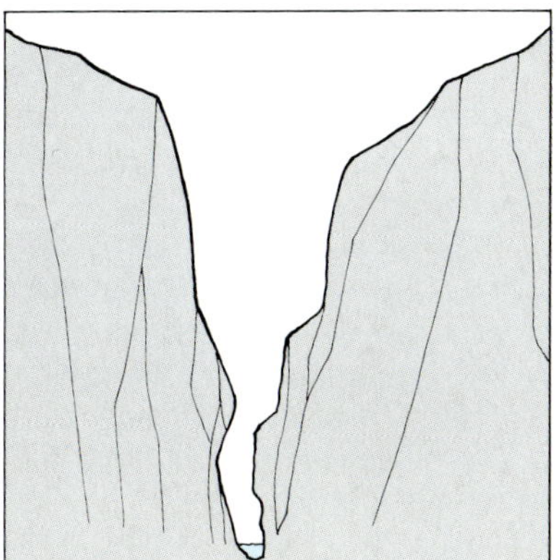

Eine gute *topographische Karte,* auf aktuellem Stand, ist dafür ein zuverlässiger Ratgeber; und sie ist von jedem Gebiet erhältlich. Man ersieht daraus mit etwas Übung und Umsetzungsvermögen anhand von Höhenlinien, Schummerung und gekennzeichneten Waldflächen eine Reihe wichtiger Details. Engerlaufende Höhenlinien zeigen Gefällebereiche, Talengen, Durchbruchstrecken oder Schluchten an. Brücken und Stege erleichtern die Etappenwahl. In sehr guten Karten sind E-Werke, Stromleitungen, Pfade und Steige eingezeichnet. Wenn man noch die Zahl der Zuläufe mit einbezieht, die Flußbreite und die Größe des Einzugsgebietes, kann man sich schon zu Hause ein gutes Bild von dem jeweiligen Fluß verschaffen.

Noch genauer sind *Kanusportkarten.* Sie zeigen meist praktikable Flußetappen an, geben Auskunft über Verbauungen, Gewässergüte und vor allem über die Schwierigkeitsgrade. Wehre sind ebenso eingezeichnet wie andere besondere Hindernisse.

Neuerdings geben diese Karten auch Auskunft über Pegelstandorte und Flußsperrungen.

Regulierung

Mehr als 90 % aller Flußkilometer in Deutschland sind reguliert. Uferverbauungen findet man selbst in Naturschutzgebieten und entlegenen Oberläufen. Teilweise sind die Verbauungen überwachsen oder wieder verschwunden. Tatsächlich ist ein naturbelassenes Ufer in Deutschland eine Seltenheit.

Die Regulierung betrifft ja nicht nur die Veränderung des Flußbettes, sondern auch den Flußlauf insgesamt. Also auch die Wassermenge. Willkürliche Absenkungen – auch völliges Trockenfallen – wie auch Ablassen untypischer Mengen laufen dem natürlichen Zyklus zuwider.

Über Sinn oder Unsinn derartiger Eingriffe gibt es naturgemäß verschiedene Ansichten. Mögen Ufersicherungen im Bereich von Brük-

Uferbefestigung mit Pfählen und Geflecht, mit Drahtnetz und Steinfüllung.

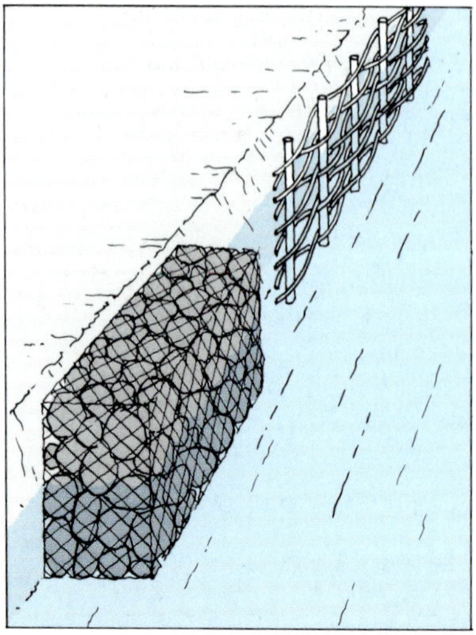

Eine derart mißlungene Uferregulierung wie hier an der oberen Ötztaler Ache zwingt den Fluß zu verstärkter Eintiefung und somit zu beschleunigtem Uferabriß.

ken verständlich erscheinen, so kann man über Regulierungen im dichten Siedlungsbereich schon anders denken. Nirgends steht nämlich geschrieben, daß man nahe an Flüsse heranbauen muß und daß der freie Fluß daher eingeengt werden muß. Und noch umstrittener sind Regulierungen und Flußzerstörungen zum alleinigen Zweck der Energiegewinnung. Eines Energieverbrauchs wegen, dessen zweifelhafter Nutzen heute mehr denn je zutage tritt.

Längsregulierung mit Beton, Bruchsteinen, Platten; Querbuhne mit Steinverfestigung, grober Blockwurf ▷

Strömungsformen

Entsprechend dem Flußbett bildet sich die Wasserströmung. Die gleiche Wassermenge in einer engen Klamm und - bei gleich starkem Gefälle - in einem offenen Flußbett ergibt völlig andere Strömungsformen.
Im offenen Flußbett herrschen *laminare Strömung und Schwallstrecken* vor.
Im beengten Schluchtbett ergeben sich *Turbulenzen:* Schiebeströmungen, Wirbel, Pilze, Walzen (auch mobile Walzen, sog. Wanderwalzen) unterschiedlicher Art und Richtung.

Gliedernde und teilende Längsriegel im Mittellauf der Verzasca.

Auf diesem Bildbeispiel ist eine Wirbel- und Saugströmung dargestellt, die teils sichtbar an der Wasseroberfläche, teils unterhalb verläuft. Man erkennt die absaugenden und aufquellenden Bereiche.

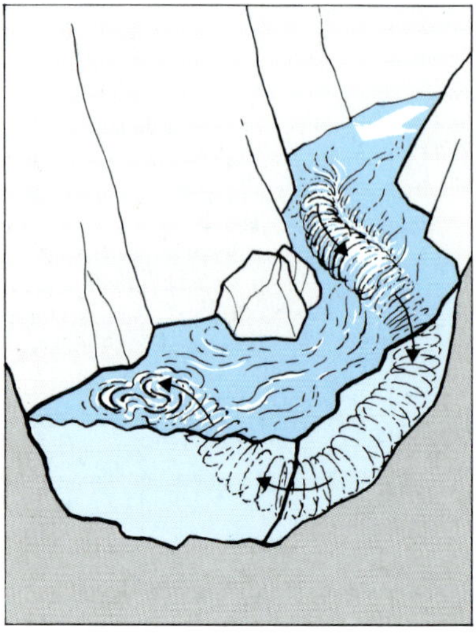

Ufer- und Grundreibung bewirken eine langsame Fließgeschwindigkeit am Flußrand.

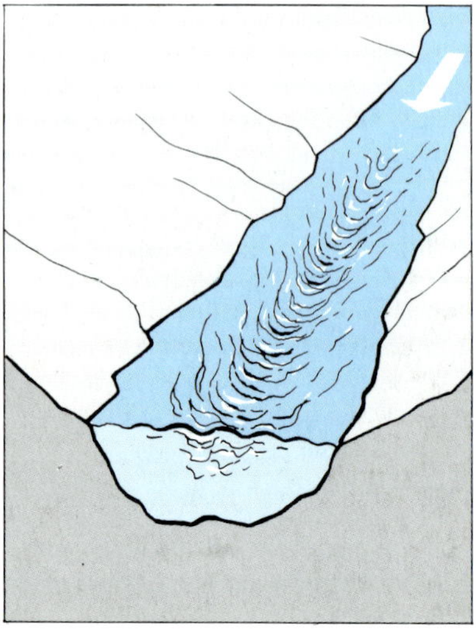

Flußkurve mit ausgeprägtem Gleithang und Geschiebeablage (Tiroler Ache).

Deutlich sichtbar unterströmte Platten in der Cannobina; bei höherem Wasserstand kaum noch sichtbar.

Siphons

Strömungen unter Felsen hindurch nennt man Siphons. Man findet sie besonders bei Flüssen mit grober Verblockung. Gefährlich können sie Schwimmern werden. Bekannt für Siphons sind die Saalach bei Lofer und der Verdon. Tückischerweise finden sich solche Unterströmungen überwiegend unter der Wasseroberfläche. Ihre Gefährlichkeit schwankt mit dem Wasserstand.
Auf die einzelnen Begriffe wie Strudel, Pilz, Walze, Umkehrströmung-Kehrströmung, Preßwasser etc. wird im Zusammenhang mit der Befahrungsweise eingegangen.

Versteckt liegende Siphons bilden eine Gefahr für Kanuten aller Könnensstufen.

Kolke

Der Flußgrund unterhalb eines Wasserfalles wird als *Kolk, Tumpf* oder *Gumpe* bezeichnet. Paddler sprechen auch von *Unterwasser.*

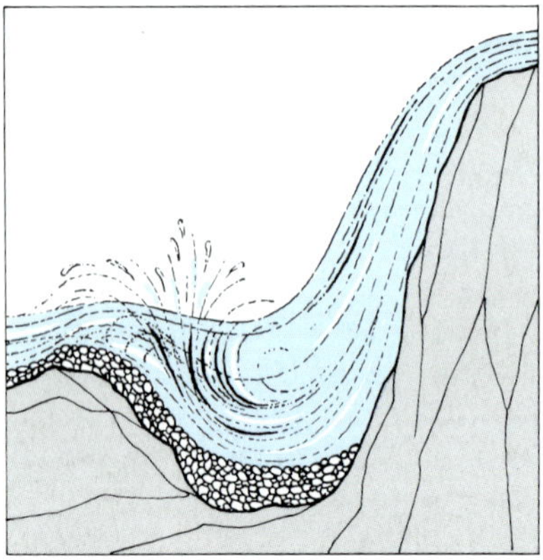

Die Eintauchtiefe in einem Kolk hängt auch vom Stand der Füllmasse ab.

Kolke sind durch Ausschleifen oder Ausschlagen herunterstürzender Steine entstanden. Bei geringer oder mäßiger Wasserführung lagern sich im Kolk Steine ab, die bisweilen eine völlige Aufschüttung zur Folge haben können. Hochwasser kann so einen Kolk wieder freiräumen.

Gefälle

Man mißt es in Promille (‰), d. h. 1‰ entspricht 1 m Gefälle auf 1000 m Flußlänge.
Mäßig steile Flüsse haben 5–10‰, steile Flüsse 10–30‰, sehr steile 40–60‰ Gefälle. Der steilste befahrene Wildfluß ist die Schlucht des Kalserbachs bei Lienz mit über 120‰.

Alle diese aufgeführten Kriterien ergeben den Charakter eines Flusses. Wenn man sich ein wenig mit Flußgeographie beschäftigt, so stellt man schnell fest, daß es einen durchgehend »wilden« oder »schwierigen« Fluß nicht gibt. So bilden immer nur einige Abschnitte, Klammstrecken oder Einzelstellen für den Kajakfahrer gewissermaßen die Höhepunkte auf der gesamten Flußlänge. So ist z. B. der Inn nur in seinem Schweizer Abschnitt, und selbst hier nicht auf ganzer Länge, »Wildwasser«. Der weitere, lange Flußlauf auf österreichischem Gebiet bis zu seiner Mündung in die Donau ist vorwiegend Zahmwasser.

Je älter ein Fluß und je formbarer sein Untergrund, desto ausgeglichener ist sein Gefälle. Junge Flüsse mit nur sporadischer Wasserführung haben oft unausgeglichene, sprunghafte Gefällkurven.

Gefälleberechnung

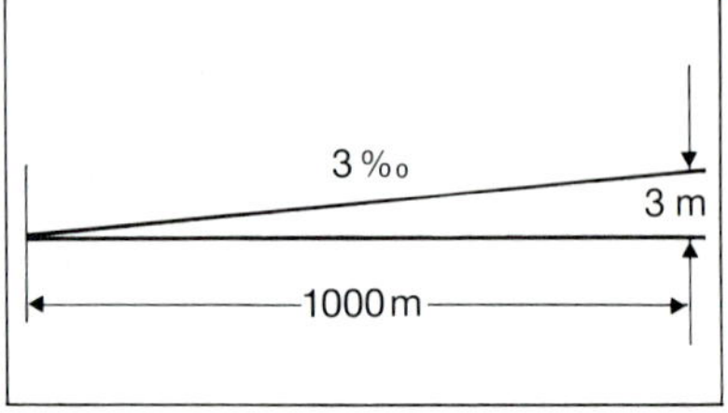

Zur Bewertung von Flußstellen und -abschnitten hat sich im Laufe der Zeit ein gewisser Maßstab herausgebildet. Er erleichtert die Einschätzung der Schwierigkeiten und damit des eigenen Könnens. Man unterscheidet zwischen Zahm- und Wildwasser.

Die Wildwasserskala reicht von WW 1–6. Voraussetzung für die Zuordnung zu Wildwasser ist eine gewisse »Wildheit«. Darunter versteht man eine weitgehend naturbelassene Flußbett- und Uferregion sowie ursprüngliche Strömungsformen. Stellen, die durch künstliche

I unschwierig	**II mäßig schwierig**	**III schwierig**	**IV sehr schwierig**	**V äußerst schwierig**	**VI Grenze der Befahrbarkeit**
	freie Durchfahrten	übersichtliche Durchfahrten	Durchfahrten nicht ohne weiteres erkennbar, Erkundung meist nötig	Erkundung unerläßlich	
regelmäßiger Stromzug, regelmäßige Wellen, kleine Schwälle	unregelmäßiger Stromzug, unregelmäßige Wellen, mittlere Schwälle, schwache Walzen, Wirbel und Preßwasser	hohe, unregelmäßige Wellen, größere Schwälle, Walzen, Wirbel und Preßwasser	hohe, andauernde Schwälle, kräftige Walzen, Wirbel und Preßwasser	extreme Schwälle, Walzen, Wirbel und Preßwasser	im allgemeinen unmöglich, bei bestimmten Wasserständen evtl. fahrbar, hohes Risiko
einfache Hindernisse	einfache Hindernisse im Stromzug, kleinere Stufen	einzelne Blöcke, Stufen, vielfache Hindernisse im Stromzug	Blöcke versetzt im Stromzug, höhere Stufen mit Rücksog	enge Verblokkungen, höhere Gefällstufen mit schwierigen Ein- oder Ausfahrten	

Eingriffe entstanden sind, z. B. Staustufen oder Wehranlagen, sind sinngemäß kein Wildwasser.
Die Tabelle auf Seite 17 dient als Grundlage für alle Flußführer. Sie ist seit 1981 gebräuchlich. Veraltete Flußbeschreibungen differieren oft erheblich.
Gute Flußführer geben neben der Bewertung auch einen Wasserstandsbezugspunkt (Pegelstand) an. Es heißt dann z. B.: Inn unterhalb Imst WW 3 bei Pegel 2,50 m.
Anzumerken ist, daß ein einzelner Wert, also z. B. WW 3, unterschiedliche Faktoren aufweisen kann. Die jeweiligen Schwierigkeiten können durch statische Einflüsse (Felsen, Flußbettprofil, Gefälle) oder durch dynamische Einflüsse (Wassermenge, Wasserwucht, Fließgeschwindigkeit) entstehen. Zudem spricht man auch von einem »leichten« oder »schweren« WW-Dreier.
Bei abweichenden Wasserständen können sich die Werte ganz erheblich verschieben. Eine Stelle WW IV kann bei höherem Wasser sehr schnell WW V und mehr erreichen. Der Extrembereich liegt zwischen WW IV–VI. WW III bedeutet in jedem Fall schwieriges Wildwasser, und zwar auch für einen Kajakfahrer mit sicherer Bootsbeherrschung, perfekter Technik und guter Flußerfahrung.
Die Skala bezieht sich nicht auf den Könnensstand von Anfängern!

Lebhaft, steil und dicht verblockt.

Wildwasser I **unschwierig**

Charakteristisch ist der freie, übersichtliche Flußlauf. Als »einfache« Hindernisse sind Kurven mit Außenströmungen, gut erkennbare Blöcke und einhängende Sträucher zu erwähnen. Als Flußbeispiel bietet sich die Isar zwischen Bad Tölz und München an. Auch diese abgebildete Strecke (Golo, Korsika) ist WW I.

Wildwasser II **mäßig schwierig**

Ein »Zweier« ist nicht langweilig oder gar einfach. Offene Verblockung und rasche Strömung, engere Kurven und mittlere Schwälle stellen bereits bemerkenswerte Anforderungen an den Kanuten. Der hier gezeigte Golo ist auf weiten Teilen WW II, auf gewissen Abschnitten aber auch darüber. Die Ammer (Oberbayern) ist bei Mittelwasser überwiegend WW II.

Wildwasser III **schwierig**

Ein Flußabschnitt wie dieser zeigt die ganze Vielfalt des dritten Grades. Stark einragender Uferbewuchs, Blöcke, versetzter Stromzug, häufig variierende Fahrtroute und rasche Strömung kennzeichnen den hier gezeigten Unterlauf des Loferbaches (bei Lofer, Österreich). Im oberen Abschnitt allerdings ist die Bewertung höher anzusetzen.

Wildwasser IV **sehr schwierig**

Die abgebildete Passage kann als »Muster-Vierer« gelten: Es finden sich alle Kriterien der Skala bei erheblicher Wasserwucht. Besonders ausgeprägt sind hier »Löcher« bzw. Walzen; manche davon mit »Stopper-Effekt«. Zu sehen ist die sog. »Hühnerleiter« der mittleren Ötztaler Ache (Tirol), Pegel Tumpen 100 cm.

Wildwasser V **äußerst schwierig**

Nur 20 cm entscheiden bei der Einfahrt an dieser Stelle des Travo (Korsika), ob man die linke oder rechte Ausfahrt erreicht. Zu langsames Einfahren bedeutet zudem hohe Steckgefahr am Flußgrund. Derartige Passagen erfordern ein Höchstmaß an präziser Bootsbeherrschung. Fast immer werden solche Stellen durch Kameraden abgesichert.

Wildwasser VI

Auch für Topfahrer eine Rarität: der echte »Sechser«! Daß bei dieser Strecke – die Dreier-Kombination des Schwarzbachs, Mittelwasser – höchste Anforderungen gestellt sind,

Grenze der Befahrbarkeit

liegt klar zutage. Zur großen Höhendifferenz kommen engste Verblokkung, absaugende Verschneidungen und höchster Gefahrengrad im Kenterfall.

Je präziser mit einem Sportgerät umgegangen werden soll, desto genauer muß es dem Sportler »passen«. Man denke in diesem Zusammenhang z. B. an ein Sportrad nach Maß oder an eine exakt justierte Skibindung. Beim Kajak ist es nicht anders. Hier gibt es mehrere Teile, die genau eingestellt werden müssen, um zu einem guten Bootskontakt und damit zu einer direkten Kraftübertragung zu kommen. Zudem fährt man ermüdungsfreier und bequemer.

Die individuelle Einstellung ergibt sich aber erst bei längerer Benützung. Vor allem zu streng eingestellte Fußstützen bewirken Verkrampfungen. Probieren Sie also selbst bei längeren Touren Ihren optimalen Sitz aus.

Kajak

Im Wildwasser hat sich mittlerweile ein sog. *Allround-Bootstyp* durchgesetzt, der sich durch gute Fahreigenschaften und hohen Gebrauchsnutzen auszeichnet. Mit ihm kann man nahezu alle vorkommenden Fahrsituationen bewältigen, wenngleich für einige Fahraufgaben Spezialboote (Lang-, Kurz-, Slalom- oder Sicherheitsboote) vorzuziehen sind.
Diese Allrounder sind knapp 4 m lang, etwa 60 cm breit und 30 cm hoch. Das Gewicht liegt bei ca. 20 kg.
Bevorzugtes *Material* ist neuerdings *Kunststoff,* der thermisch verformt wird. Beim sog. *Rotations-Verfahren* wird in eine beheizte Hohlform Kunststoffgranulat eingefüllt. Die Form wird hin- und herbewegt, das Granulat schmilzt an und bleibt haften. Überschüssiges Granulat rollt (rotiert) weiter, bis der Vorgang abgeschlossen ist. Durch verschieden heiße Formzonen können unterschiedliche Wandstärken erzielt werden.
Im *Blasverfahren* wird ein Hohlstrang erschmolzen, der in eine Form eingebracht wird. Der Strang

Eine zweckentsprechende, den jeweiligen Bedürfnissen angemessene Ausrüstung ist eine wichtige Voraussetzung für den Wildwassersport. Können und Sicherheit allerdings lassen sich nicht kaufen; man muß sie erwerben.

wird mit Druckluft an die Formwand gepreßt (geblasen). Bei diesem Verfahren läßt sich die Wandungsstärke des Stranges - also des späteren Bootes - abschnittsweise unterschiedlich stark ausformen.
Die noch stark verbreitete sog. *GfK-Bauweise* (GfK = Glasfaserverstärkter Kunststoff) ist aufwendig und weitgehend Handarbeit. Hierbei werden Bootshalbschalen gefertigt (laminiert), indem in eine Form flüssiger Kunststoff (Polyesterharz/Epoxydharz) eingebracht wird, der durch eine Faserarmierung (Glasfasermatten, -gewebe, -vlies, Diolengewebe etc.) verstärkt wird. Durch diverse Harz- und Fasersorten (Kevlar etc.) können unterschiedliche Gewichte, Festigkeiten und - leider - Preise erzielt werden. Die Schalen werden dann zu einer Bootseinheit verklebt.
Während die GfK-Bauweise wohl am Endpunkt ihrer Möglichkeiten angelangt ist, dürfte die Thermoplast-Bauweise noch einiges an Know-how zulegen. Noch gibt es gewichtige Nachteile, die abzustellen sind: Die hohen Formkosten

	Das ideale Kajak?
Flacher Bootsboden	Gute Wendigkeit.
Hoher Scoop	Geringes Eintauchen (Bohren) in steilen Abfällen.
Stumpfer Bug	Vermeidung von Hängenbleiben (Einspitzen) sowohl am Flußgrund wie auch bei Seitentouchierung von Felswänden.
Hohes Volumen im Vorderschiff	Geringere Eintauchtiefe.
Kurze Baulänge	Mehr Beweglichkeit in engen Gewässern, geringere Klemmgefahr.
Normale Baulänge	Günstiger bei Starkwasserflüssen.
Starker Kielsprung	Gute Wendigkeit.
Oberkielung im Vorderschiff	Kontrolliertes Auftauchen nach hohen Abfällen.
Unterkielung im Vorderschiff	Gute Penetration bei Abfällen aber auch Walzen.

bedingen hohe Stückzahlen. Einmal aufgelegte Serien müssen abgesetzt werden, auch wenn neuere Form-, Sicherheits- oder Markterkenntnisse dagegen sprechen.
Die Thermoplaste haben eine geringe Eigensteifigkeit, so daß einigermaßen stabile und steife Boote noch sehr schwer ausfallen (25–30 kg!). Dagegen stehen der günstige Preis und die beeindruckende Robustheit des Materials.
GfK-Boote sind, weil Handarbeit, teuer. Es können aber individuell gestaltete Boote hergestellt werden. Dies betrifft Farbe und Design, aber auch Gewicht oder Sonderausstattung. Zudem sind die Formkosten gering, so daß der Hersteller rasch auf aktuelle Marktwünsche reagieren kann. Als Nachteile sind rascherer Verschleiß und leichtere Beschädigung zu nennen.
Dazu kommen gerade beim Wildwassereinsatz weitere Anforderungen:
Das Boot darf den Fahrer nicht durch seine Bauart oder Bauform in Gefahr bringen. Leider trifft dies noch für etliche Boote mit viel zu spitzen Bootsenden zu. Die überaus gefährlichen kleinen Luken sind auf dem Rückzug. Es haben sich größere und ganz große Luken durchgesetzt.
Fälschlicherweise sprechen manche Hersteller von Sicherheitsluken. *Eine Luke ist nur dann vollkommen »sicher«, wenn sie den Fahrer auch bei einem extremen Steck- oder Klemmunfall freigibt.*

Die wichtigsten Fahreigenschaften

- Große Wendigkeit.
- Flaches Eintauchen.
- Kontrolliertes Auftauchen. Diese drei Faktoren ergeben das ideale Wildwasserkajak.

Die wichtigsten Sicherheitseigenschaften

- Steife Fahrgastzelle.
- Große Luke.
- Gerundete Bootsenden.

Solche gibt es bis heute nicht, vereinzelt wird jedoch an diesem Problem experimentiert. Bis es soweit ist, empfiehlt es sich, nur solche Boote zu benützen, bei denen man – im Boot sitzend – beide Knie und beide Beine aus dem Boot nehmen kann.
Die Lukengröße richtet sich also nach dem individuellen Körpermaß, genauer: der Oberschenkellänge. Hierbei ist zu beachten, daß es nicht nur auf die Länge der Luke ankommt. Auch der Abstand vom Bootsboden zur Süllrandunterkan-

Dies ist im Notfall lebenswichtig: Im Sitzen mit beiden Knien zugleich aus der Luke kommen.

te spielt eine Rolle. Eine Maßvorgabe kann also nicht gegeben werden. Vielmehr ist es nötig, stets selbst die richtige Größe auszuprobieren. Auch wenn alles aufeinander abgestimmt ist, kann dennoch der Fahrer - bzw. können dessen Beine - eingeklemmt werden, wenn z. B. der Bootsboden durch einen Block eingedrückt oder gar das Boot durch Wasserdruck zusammengepreßt wird.
Aus diesem Grunde empfehlen Experten schon seit längerem einen völlig steifen Fahrerbereich. Bei diesen Forderungen - höchste Steife, größte Luke - kommt der Statiker natürlich ins Schwitzen. Denn je größer die Luke, desto labiler wird das Oberschiff. Und das besonders bei weichen oder leichten PE-Booten. Zu schnell gerät man hier - gewichtsbedingt - im wahrsten Sinne des Wortes in »untragbare« Bereiche. Bastler und auch Hersteller versuchen sich deshalb an nachträglichen versteifenden Einbauten in Form von Metallbügeln, Kunststoffstützen, Aufreißluken und kompletten Rohreinbauten.

Kajakform

Die im Laufe der letzten Jahrzehnte entstandenen WW-Bootsformen sind nahezu ideale Kompromisse. Und dies betrifft alle Komponenten: Unterkielung/Kielsprung, Spant, Länge, Breite und Volumen. Der wichtigste Faktor ist dabei der Teil, der sich im Wasser befindet: das *Unterschiff,* der Bootsboden.

Er hat bei den modernen Formen so gut wie keine Kielung mehr. Dementsprechend bewirkt dies eine große Wendigkeit, die naturgemäß zu Lasten der Führung geht. Die Bootsquerschnitte (Spantformen) sind, mit Ausnahme des ersten Viertels, unten sehr flach und an den Wangen gerundet. Dies gibt ebenfalls gute Drehfreudigkeit und günstige Eskimotiereigenschaften.

Hohes Volumen über der Wasserlinie erlangt nur dann Bedeutung, wenn es um das Eintauchen in Stufen, um hohe Schwälle und die Durchdringung von Walzen geht. Größeres Volumen ergibt ein rascheres Hochkommen des Bootes (des Vorderschiffes). Nachteil: Es fährt in Schwällen unruhiger. Die Oberkielung im Vorderschiff wird noch bei vielen Booten nicht ausreichend beachtet. Durch eine

Das moderne Wildwasserkajak

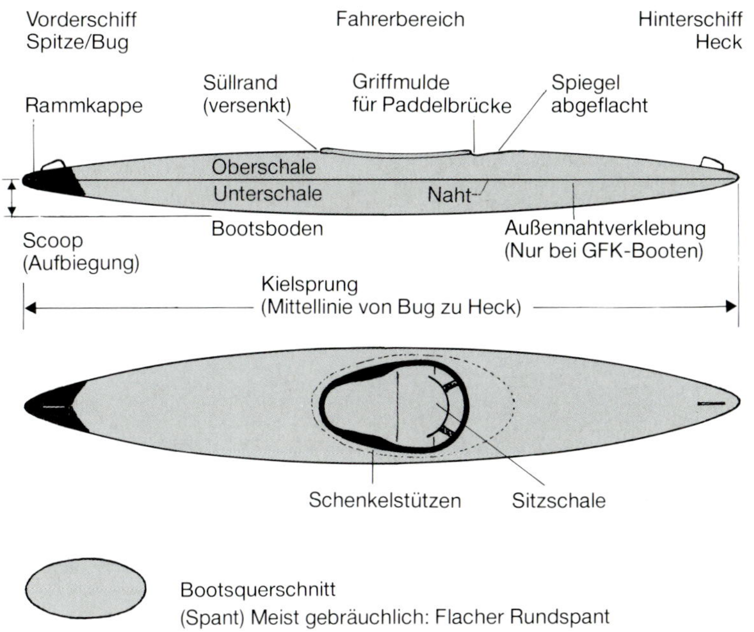

deutliche Oberkielung kann man das Wiederauftauchverhalten bei Gefällestufen auch ohne großes Volumen günstig beeinflussen.

Sitz

Bei nahezu allen Booten ist die Sitzposition fixiert. Wenn man die vielen Körpergrößen, vor allem die unterschiedlichen Beinlängen bei gleichem Gewicht, betrachtet, leuchtet ein, daß dies nicht richtig sein kann. Ein in *Längsrichtung verstellbarer Sitz* wäre deshalb für alle Wildwasserboote erforderlich.

Der optimale Sitz: Fußballen, Fersen, Knie- bzw. Schenkelinnenseiten, Gesäß, Becken und Rücken haben direkten Bootskontakt. Man verspreizt sich so im Boot, daß man das Boot spürbar »im Griff« hat.

Obwohl die Hersteller *verschiedene Sitzbreiten* anbieten, wird häufig beim Kauf die Sitzbreite nicht beachtet. Ein seitliches Herumwakkeln beeinträchtigt aber den guten Sitz im Boot erheblich.
Man kann die Sitzbreite durch seitliche Einlagen individuell anpassen; allerdings läßt sie sich nur verkleinern.

Fußstütze

Heute haben sich flächige Fußstützen – im Gegensatz zu den früheren dünnen Querrohren – durchgesetzt. Zu groß war die Zahl der Fußverletzungen. Die derzeit gebräuchlichen Stützen, sog. *Prallplatten,* nehmen Stöße flächig – und dadurch mit verteilter Kraft – auf. Häufig sind sie noch elastisch aufgehängt, was sich sehr gut bewährt hat.

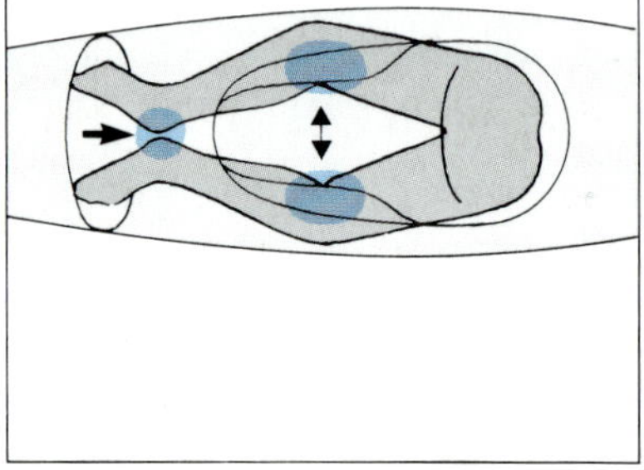

Schenkelstützen

Sie sind das A und O eines guten Sitzes. Mit ihnen wird das Boot gekantet, geführt. Sie geben Halt beim Eskimotieren und in extremer Auslage. Gute Schenkelstützen sind *individuell einstellbar* und *gepolstert.* Die *Kanten* sind *gerundet.* Dies gilt wegen der Verletzungsgefahr beim Aussteigen auch für den inneren Süllrandbereich.

Rückengurt

Er stützt die obere Beckenpartie. Dies ist vor allem bei längeren Fahrten angenehm. Allerdings verführt er auch zum Anlehnen bei eher sportlichen Fahrten, und dies bewirkt häufig eine Fahrhaltung in Rücklage.

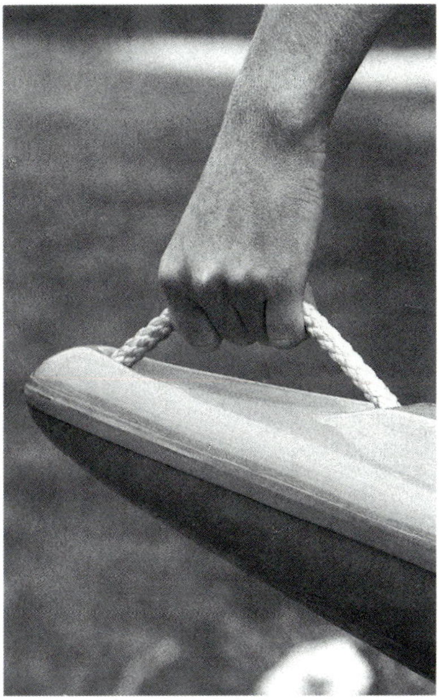

So sieht eine vorbildliche Tragschlaufe aus.

Schlaufen

Nur sehr zögernd, aber letztlich doch überall, haben sich *dicke, griffgünstige Trag- und Bergeschlaufen, in Längsrichtung angebracht,* durchgesetzt.
Schlaufen, die schlingenartig ausgebildet sind, können sich im Schwimmfalle so ungünstig um das Handgelenk verdrehen, daß man sich nicht mehr vom Boot lösen kann. In England sind aus diesem Grund Tragseile mit Knebelgriff gebräuchlich.

Bootszubehör

Luftsäcke hinten und vorne sichern das Boot gegen Untergehen. Es gibt sie auch mit wasserdichtem Reißverschluß. Man wähle hier ruhig die erste Qualität; das Beste ist gerade gut genug.
Rückenkissen oder *Rückengurtpolster* bringen dem Kanuten ein wenig Komfort.
Ein *Luftkissen* wird zwischen Sitz und Bootsboden geklemmt und stützt die Sitzschale ab.
Sehr gut bewährt haben sich sog.

Tips:

- Ein *Schwamm* am dünnen Bändchen tut gute Dienste. Allerdings soll das Bändchen wirklich dünn sein und notfalls reißen, damit man nicht daran hängen bleibt. Am besten verstaut man den Schwamm seitlich am Sitz. Er ist übrigens das einzige Ausrüstungsteil, das alle Kanuten, egal welcher Sparte, dabei haben.
- Wenn es der Hersteller noch nicht gemacht hat, dann tun Sie es: Kleben Sie etwas *Neopren unter die Schenkelstützen* und auch dahin, wo normalerweise die Knie anstoßen. Am Strand, im Urlaub und beim Training fährt man öfter mit bloßen Knien, als man meint.
- Bohren Sie *Wasserablauflöcher* in Ihre *Sitzschale.* Eine zusätzliche Schlaufe, quer hinter dem Süllrand, hat sich bei Bergeeinsätzen, beim Umtragen, Ein- oder Ausseilen sehr bewährt. Weitere Schlaufen, umlaufende Seile, Heckseile, Schwimmleinen u. ä. konnten sich bislang nicht durchsetzen.
- *Namen und Adresse* ins Boot schreiben. Dies hilft bei Verlust am Bach und erschwert Diebstahl.

Rammkappen. Sie verhindern das Eindrücken der empfindlichen Bootsspitze bei Stufen ohne ausreichende Eintauchtiefe. Zudem dämpfen sie den Aufprall. Rammkappen sollten aus glattem, zähem Kunststoff sein. Kappen aus weichem Kunststoff oder Gummi haben den sog. »Radiergummieffekt«, d. h. sie bremsen an Felswänden und können zu Klemmsituationen führen.

Paddel

Vergleichbar mit der Entwicklung im Skilauf sind beim Kanusport im Laufe der Jahre die Holzpaddel von *Kunststoffpaddeln* verdrängt worden. Die höhere Schaftfestigkeit, vor allem in Extremsituationen, gab dabei den Ausschlag. Die Paddel sind mittlerweile ausgereift und durchwegs von hoher Qualität.
Die einst übliche starke *Kehlung* ist schrittweise zurückgegangen. Früher wurden die Paddel ja bei 99 von 100 Schlägen zum Vorwärtstreiben des Bootes benutzt. Beim modernen Wildwasserfahren wird das Paddel aber nur noch zur Hälfte zum Vorantreiben eingesetzt. Andere Schlagtechniken haben an Bedeutung gewonnen. Für sie ist die Kehlung unnötig, wenn nicht gar hinderlich. Stark gekehlte Paddel »unterschneiden« zu sehr, so daß man sich eher »ins Wasser zieht«. Schwach gekehlte Paddel

Zur Zeit wird nur ein ungekehltes Paddel (ganz rechts) angeboten. Die Einklinköffnung für den Paddelhaken haben die beiden Paddel rechts außen.

sind »gutmütiger«; völlig neutral sind nur gerade Paddel. Canadierfahrer verwenden wegen ihrer variantenreichen Technik übrigens nur gerade Stechpaddel.
Beim Paddel ist die Ergonomie weiter vorangekommen als beim Bootsbau. Während es für unterschiedliche Leute, selbst für die Kleinsten und Größten, ein Bootsmodell in *nur einer* Größe gibt, ist das beim Paddel anders. Sie werden fein abgestuft *in allen Längen* angeboten. Als Richtwert kann man z. B. 210 m Paddellänge bei 180 cm Körpergröße nennen. Bei gekehlten Paddeln gibt es links- oder rechtsgedrehte. Fast alle Paddel sind auch teilbar erhältlich.

Paddelzubehör

Seit einiger Zeit gibt es Zusatzgeräte zum Paddel, sog. *Paddelhaken.* Man macht sich dadurch das Paddel quasi als verlängerten Arm nutzbar und hat damit eine wertvolle und manchmal lebenswichtige Hilfe zur Hand.
Paddelhaken werden aufgesetzt, aufgeklemmt oder eingeklinkt.

Spritzdecke

Die immer größer werdenden Luken sind auch für die Spritzdeckenfabrikanten ein Problem. Gefragt sind hier *Eindruckfestigkeit* bei hoher Wasserwucht und gute *Handlichkeit* beim Überziehen. Man behalf sich mit Lattenverstärkungen. Gute Decken sind aus sehr elastischem Neopren, doppelt kaschiert und vor allem dicht am Körper anliegend. Das heißt, sie reißen weder beim Eskimotieren noch bei extremer Auslage auf. Gut abdichten sollen sie natürlich auch.

Tip: Im Handel sind nicht nur alle Lukenformate, sondern auch verschiedene Kaminweiten (Bundweiten) erhältlich. Manche Decken haben vorne zwei Aufreißschlaufen. Dies kann beim Schließen der Decke stören, und beim Öffnen findet man die Schlaufen schlechter. Man kann dem leicht abhelfen, wenn man die Schlaufen über dem Teller mit einem Gurtband verbindet.

Spritzdecke

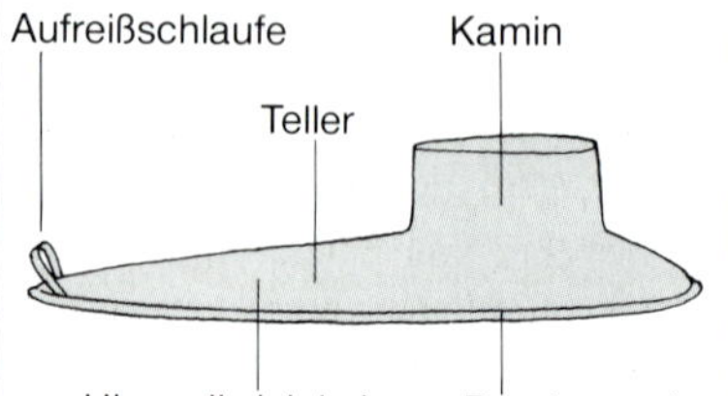

Wurf- und Rettungssack

Dieses unverzichtbare Sicherheitsgerät soll rund 20 m Seil, ∅ 10 mm, beinhalten und von auffallender Signalfarbe sein. Schlanke Säcke lassen sich gut und zielgenau werfen. Zwei handgroße Karabiner (keine Schraubkarabiner!) gehören an die Endaugen des Seiles. Über den Umgang damit siehe Kapitel »Sicherheit«, Seite 102.

Bergeleine

Die Erkenntnis, daß es im rasch strömenden Fluß kaum möglich ist, einen leblosen Menschen schnell und sicher zu bergen, führte zu diesem Hilfsmittel.
Es gibt *Systeme in Verbindung mit der Schwimmweste* und solche *zum Anbau ans Boot.* Sie haben einen handgroßen Karabiner, ca. 2,5 m dünnes Seil und eine zuverlässig wirkende Panikauslösung, falls das geschleppte Schwimmopfer im Fluß hängen bleiben sollte und den Retter in Gefahr bringen könnte. Über die Handhabung siehe Seite 102.

Schwimmweste

Die Entwicklung guter, vor allem aber wildwassertauglicher Schwimmwesten machte in den letzten Jahren deutliche Fortschrit-

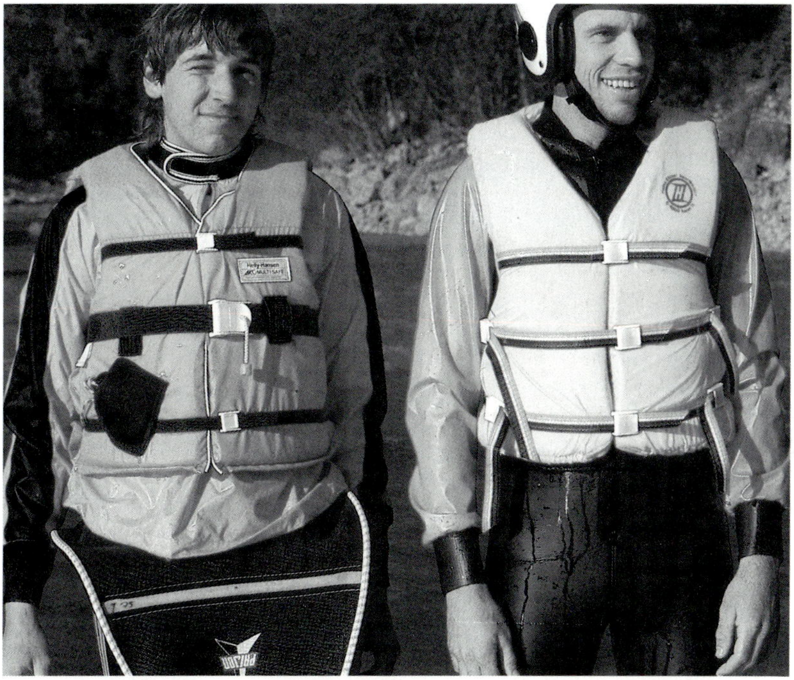

Moderne Wildwasser-Schwimmwesten mit übersichtlicher Abwurfmöglichkeit. Bei der linken Weste sind Brustgurt und Bergeleine integriert. Die Freigabe erfolgt über die Mittelschnalle und den Ablaufgurt.

te. Eine Weste muß heute mehr können, als den Träger »gerade noch« über Wasser zu halten. Eine gute Schwimmweste besitzt folgende Eigenschaften:

- Sie soll einen *guten Auftrieb* haben. Richtwert: 10 kg für 75 kg Körpergewicht.
- Sie soll *nur wenig behindern,* und zwar sowohl beim Paddeln als auch beim Schwimmen. Dazu gehört eine kurze, sitzgerechte Leibhöhe.
- Sie soll *schnell und unkompliziert abwerfbar* sein. Dies ist wichtig bei starkem Wasserrücklauf. Reißverschlüsse, Schnurknoten oder komplizierte Schnallen sind abzulehnen.
- Sie soll eine *Abschleppvorrichtung* haben (Rundumgurt), die zum Retten des Trägers dient.
- Moderne Westen sind *mit* einem *Bergegurt* und einer *Bergeleine kombiniert.*
- *Gepolsterte Schultern* helfen beim Umtragen schwerer Boote.

Brustgurt

Mehrere Modelle mit mittlerweile hoher Funktionstüchtigkeit werden angeboten. Einsatz und Handhabung sind im Kapitel »Sicherheit«, Seite 102 beschrieben. Gute Haltekraft bei Bergeeinsätzen, unverrückbarer Sitz und eine zuverlässige Notauslösung sind heute gewährleistet.

Separat tragbare Brustgurte für Kanuten, die fallweise ohne oder mit Schwimmweste fahren wollen.

Kann man Können oder Sicherheit kaufen?

Es gibt Vorschriften und Empfehlungen über die richtige Ausrüstung. Die meisten Ratschläge beziehen sich aber nur auf den Fluß und seine Schwierigkeitsklasse. Sie vernachlässigen das *individuelle Fahrkönnen.*
Man vergißt, daß ein Fluß im Gefahrengrad variiert und daß bei einem Paddler zwischen Anfängerstadium und Perfektion ein großer Unterschied besteht.
Ich rate hier zu *»angemessener« Ausrüstung.* Angemessen also dem Können des Fahrers und dem aktuellen Schwierigkeitsgrad des Flusses.
Da sich eine gesunde - und sichere - Selbsteinschätzung aber erst im Laufe der Jahre einstellt, empfehle ich *Neulingen* eine *vollständige* und damit vielleicht »überzogene« *Ausrüstung.* Weglassen kann man später immer noch. *Nie weglassen* sollte man aber die *Sicherheitsausrüstung* für andere: Wurfsack, Bergeseil, Paddelhaken.

Anzug, Jacke

Überzeugend durchgesetzt haben sich *ärmellose Overalls aus Neopren.* Sie sind ein wirkungsvoller Kälteschutz.
Ein guter Overall hat folgende Merkmale:

- Materialstärke 3,5–4,5 mm.
- Doppelte Stoffkaschierung (innen und außen), mindestens jedoch an den Knien und am Gesäß.
- Reißverschluß an den Beinen.

In Verbindung mit einer Jacke (Ärmel aus Nylon) und/oder einer spritzwasserdichten *Paddeljacke* stellt der Overall eine funktionelle Sportkleidung dar.
Eine gute Paddeljacke hat folgende Merkmale:

- Hindert beim Paddeln nur wenig.
- Weiche Neopren-Manschetten an Armen und Hals.
- Keine Kapuze; braucht keine Täschchen.

Der Markt ist - man profitiert vom Surfsport - gut beschickt, und die Produkte sind weitgehend ausgereift.

Helm

Für die oft flachen und blockreichen Flüsse ist ein guter Kopfschutz unentbehrlich. Er soll vor allem:

- Gut sitzen. (Man testet dies, indem man versucht, den Helm nach unten – ohne festgezogenen Kinnriemen – vom Kopf zu schütteln.)

- Stirn und Schläfen voll abdekken.
- Helme mit Gesichtsschutz werden immer beliebter.

Schuhe

Eigentlich gibt es spezielle Kanuschuhe erst seit 1985, und sie sind keineswegs ausgereift. Ein guter Wildwasserschuh sollte folgendermaßen beschaffen sein:

- Kleines äußeres Format (die Boote sind eng!).
- Guter Seitenhalt in unebenem Gelände.
- Guter Sohlengriff im Flußbett, auf glitschigen Steinen, morastigen Böschungen.
- Schnelle Trocknung.

Dieses bislang einzige Modell ist wohl erst der Anfang einer funktionellen Kanuschuh-Entwicklung.

Transport

WW-Kajaks sind robust, und ein Autodach-Transport ist daher problemlos. Kritisch wird es nur bei einer Notbremsung oder einem Unfall. Erfahrene verwenden daher nur *sehr stabile Dachträger,* keineswegs billige Drahtgitter aus

Tips:

- Die Boote auch auf kurzen Strecken vorne und hinten abspannen!
- Einsame Bergflüsse, bei denen man nicht unbedingt mit dem Auto bis zum Start kommt, sind nicht nur ruhiger und natürlicher – hier beginnt das Talerlebnis bereits mit dem Anmarsch.

dem Großmarkt. Desgleichen keine Träger mit Aluminiumgußfüßen! Alugu ist spröde und hat die schlechtesten Testwerte. Auch von Expandern oder Gummizügen ist abzuraten.
Bewährt haben sich *Spanngurte* mit Spannschlössern. Allerdings beschädigen Metallschlösser die doch recht empfindlichen Autodächer. Profis verwenden daher gerne *Bergseile.* Kurze Autodächer mit entsprechend kurzem Abstand der Auflagebarren sind für hohe Dachlasten nicht geeignet. Am besten sind Kombidächer mit fest eingebauter Reling.

Auf eine sorgfältige Bootsbefestigung auf dem Autodach beim Transport kann nicht eindringlich genug hingewiesen werden.

Mit Boots- oder Surfwagen kommt man in den entlegensten Winkel.

Pflege – Lagerung – Reparatur

Die modernen Sportgeräte sind äußerst wartungsarm: Kunststoff altert höchstens durch UV-Strahlen. Die Boote benötigen weder Überdachung noch Trockenheit oder eine bestimmte Temperatur.
Schäden treten nur durch Verschleiß oder Beschädigung im Fluß auf. Der Verschleiß betrifft fast nur den Bootsboden.
Bei Thermoplastbooten kommt es durch scharfe Steine zu *Kratzern* und Riefen. Sie lassen sich ähnlich wie bei einem Skibelag mit *heißem Kunststoffmaterial wieder auffüllen. Bei* sog. *vernetztem Kunststoff* ist dies *nicht möglich.*
Gelegentlich entstehen *Stauch- oder Knickfalten.* Durch *Wärme* Sonne, Haarföhn!) bilden sich diese Deformationen wieder zurück. Eine Schwächung dieser Stelle bleibt allerdings zurück. *Schwerere Schäden* wie ausgerissene Schrauben oder Durchrisse im Bootskörper *sollten vom Hersteller repariert werden.*
Die *Reparatur von GFK-Booten* ist einfach und bei kleineren Schäden *oft selbst durchführbar.* Auch hier geht es meist um Risse, Durchschläge oder Bruchstellen.
Großschäden, vor allem im Süllrandbereich, oder aufgeplatzte Schalenverklebungen *erfordern* meist eine *Werkstatt* und gute Fachkenntnisse.

Kurzanleitung zur GFK-Reparatur

- Loses, brüchiges Material großräumig entfernen (Flex, Schleifmaschine oder Raspel).
- Damit bei Löchern das Reparaturmaterial nicht durchfällt, mit Plastikfolie unterlegen (wegen der glatten Oberfläche) und mit Karton abstützen. Die Folie läßt sich nach der Reparatur abziehen oder abschleifen.
- Mit Armierung (Glasmatten oder Gewebe) und Harz wird nun lagenweise geflickt.
- Mit kleinen Flecken beginnen.
- Zum Tränken und Aufbringen der Flecken benützt man einen Pinsel.
- Großzügig über gesundes Material überlappen.
- Meistens reichen fünf bis sechs Schichten dünnes Material.
- Nach Aushärtung glattschleifen.

Genaue Verarbeitungshinweise (Mischungsverhältnis von Härter, Harz und Beschleuniger, Raumtemperatur bzw. Aushärtezeit) erhält man beim Materialkauf.

Flußerlebnis für alle: Die Familie begleitet die Paddler.

Im folgenden sind alle wichtigen Schläge in ihrer Grundform dargestellt. Die Praxis zeigt, daß es den isolierten Schlag - welchen auch immer - nicht gibt. Es sind *stets Schlagfolgen, Varianten und Kombinationen,* die der Fahrer anwendet, um eine Wildwasseraufgabe zu bewältigen. Unterschiedliche und

> Den guten Fahrer erkennt man am rhythmischen, runden Stil. Er paddelt ergonomisch und ökonomisch: kraftvoll, wo es zwingend ist; kraftsparend, wo es geht. Er vermeidet Hektik, denn er weiß: Hektik ist die Vorform der Panik.

dabei noch wechselnde Strömungen, differierende Bootslagen und Körperhaltungen bewirken *individuelle und keineswegs einheitliche* Antworten auf die Fahraufgabe. So kann z. B. ein einziger Schlag eine Kombination aus Vorwärtszug, Stütze und Ziehschlag sein.
Alle Paddelschläge lassen sich in ruhigem Wasser einüben. Am besten macht man sich zunächst auf einem See mit dem Kajak und seinen Möglichkeiten vertraut. Erst wenn man sich sicher fühlt, geht man auf langsam strömendes Wasser. Von Anfang an auf beiden Körperseiten üben. So vermeidet man das Entstehen einer »Schokoladenseite«.

Der Start: Wasserstart, Paddelbrücke

Sicheres, wackelfreies Einsteigen muß sein. Es geht einfach und funktioniert auch bei schwierigstem Uferprofil, wenn man es richtig macht:

1. Boot stromauf einsetzen. Dabei das Paddel gleich mitnehmen!
2. Paddelblatt flach aufs Ufer und quer über das Boot legen.
3. Der andere Paddelschaft liegt in der Mulde zwischen hinterem Süllrand und Lukenspiegel.
4. Mit einer Hand *Süllrand und Paddel* umfassen, mit der anderen am landseitigen Schaft abstützen.
5. Aufs Paddel setzen. Körper immer zum Land neigen und zur Luke rutschen.
6. Einschlupfen.
7. Paddel nach vorne nehmen, dann erst Spritzdecke schließen.

Einsteigen ohne Probleme . . .

Landstart

Schwierige Befahrungen verlangen oft Starts in rascher Strömung, in Turbulenzen oder vom hohen Steilufer. Dies geht nur mit Einrutschen oder Einspringen. Richtiges Ankanten und Abstützen sind hier zwingend.

Tip: Leichtes Vorkanten bereits beim Einrutschen bewirkt das Abkippen auf die gewünschte Seite, auf der man sich dann schon aufs Abstützen vorbereitet.

Nach dem Umtragen ist hier nur das Einspringen von Land aus möglich (Verzasca bei Lavertezzo, Tessin). ▷

. . . mit solider Paddelbrücke.

Gründlich vorwärts

Der *richtige Sitz* im Boot erleichtert die optimale Körperhaltung beim Paddeln. Man sitzt aufrecht oder neigt sich leicht nach vorne.
Beim *einfachen Vorwärtsschlag (Grundschlag vorwärts)* setzt man das Paddel vorne ein und zieht es gerade - also bootsparallel - durch. Das Paddel wird ausgehoben und gleichzeitig das Gegenblatt eingesetzt.
Bei jedem Paddelschlag setzt ein kompliziertes Kräftespiel ein: Während man das Paddel durchs Wasser zieht, überträgt man die Kraft über den Körper auf das Boot. Das Boot bewegt sich vorwärts. Man stößt sich praktisch im Wasser ab. Bei diesem einfachen Vorwärtsschlag beschreibt das Boot einen mehr oder weniger leichten Bogen. *Je gerader der Paddelschlag, desto flacher der Bogen!*
Beim korrekten Schlag ist der *Zugarm* zunächst gerade und weit nach vorne gestreckt, um möglichst weit voraus einsetzen zu können. Während des Schlages überläßt man der Gegenhand einen Teil der Arbeit. Der *Druckarm* hilft wiederum bis zur völligen Streckung mit. Sie bestimmt damit auch die Länge des Schlages.
Beim Eintauchen des Paddels (Einsetzen) ist auf den Eintauchwinkel zu achten. Er soll um 45° liegen.

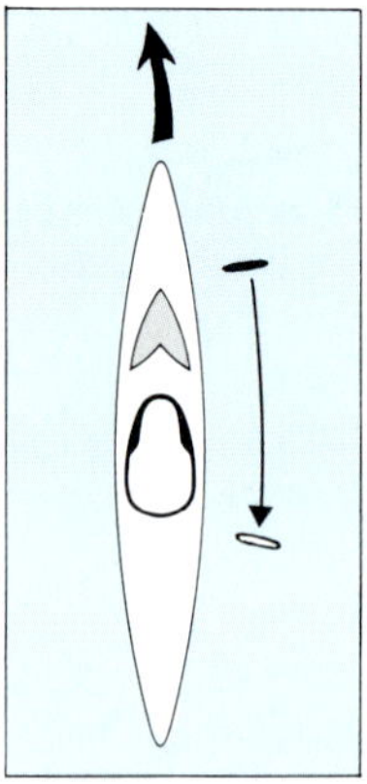

Grundschlag rechts vorwärts.

1 Gleichmäßige Kraftverteilung

2 auf Zug- und Druckarm und

Man schaut dabei noch *über* das Paddel.
Da die Paddelblätter versetzt sind, muß das *Paddel bei jedem Umsetzen gedreht* werden. Dabei wird lediglich ein Handgelenk gelockert, das andere bleibt fest.
»Rechtsdreher« lockern also lediglich das linke Handgelenk. Der rechte Griff ändert sich nicht.
Die Paddelblätter sind versetzt, um beim Umsetzen auf weniger Luftwiderstand zu treffen. Die Abflachung im Griffbereich gibt die Handhaltung vor.

Gepaddelt wird nicht »aus der Hand«. Bei einem Paarschlag (linker und rechter Grundschlag) ist sozusagen der ganze Körper beteiligt: das Handgelenk, die Arme, der Oberkörper. Der Oberkörper dreht (»schwingt«) bei jedem Schlag in natürlicher Weise mit.

Tips:

- Paddeln Sie gleichmäßig, rhythmisch und locker.
- Moderne, ungekielte WW-Boote sind nur sehr schwierig auf geradem Kurs zu halten. Verlieren Sie nicht die Geduld.
- Nehmen Sie sich einen Zielpunkt vor. Bei jedem Schlag »pendelt« die Bootsspitze hin und her. Lassen Sie sie um den Zielpunkt pendeln.
- Scheuern Sie beim Durchzug nicht am Süll- oder Bootsrand. Sie ruinieren nur Ihre Daumen!

Fehler: Ungleiche Paddelschläge führen zum Pendeln des Bootes und zum Gieren.
Falsche Körperhaltung: Rücklage bzw. Anlehnen am hinteren Süllrand vermeiden!

3 gerader Paddeldurchzug ergeben

4 die gewünschte Geradeausfahrt.

Paddelhaltung

So findet man seine individuelle Griffweite. Man kann sie für beinahe alle Fahraufgaben beibehalten. Ober- und Unterarm bilden einen rechten Winkel.

Tips:

- Die Handposition mit farbigem Tape markieren.
- Metallgriffe mit Kunststoffbezug sind oft recht kalt und unangenehm. Dem können Sie mit Softbändern aus dem Surf- oder Sportradbereich abhelfen.

Grundschlag rückwärts

Oft genug kommt es vor, daß man sich unfreiwillig dreht und Passagen rückwärts paddelnd beenden muß. Auch gibt es gewisse Bootsmanöver, die mit dem Grundschlag rückwärts bewältigt werden, z. B. die Seilfähre rückwärts. Als »Konterschlag« dient er auch zur Korrektur und zum Abbremsen. Im Prinzip wird dieser Schlag genau *gegenläufig zum Vorwärtsschlag* ausgeführt. Auch die Begriffe verkehren sich: die untere Hand wird zur Druckhand usw.
Statt Körpervorlage gibt es nun deutliche Rücklage. Ergonomisch bedingt geraten die Rückwärtsschläge erheblich flacher.

Tips:

- Üben Sie gleich in der ersten Stunde den Grundschlag auch rückwärts.
- Fahren Sie bei Ihren Touren bewußt immer wieder bestimmte Passagen auch rückwärts.
- Der gute Kajakfahrer ist auch immer ein guter Rückwärtsfahrer.

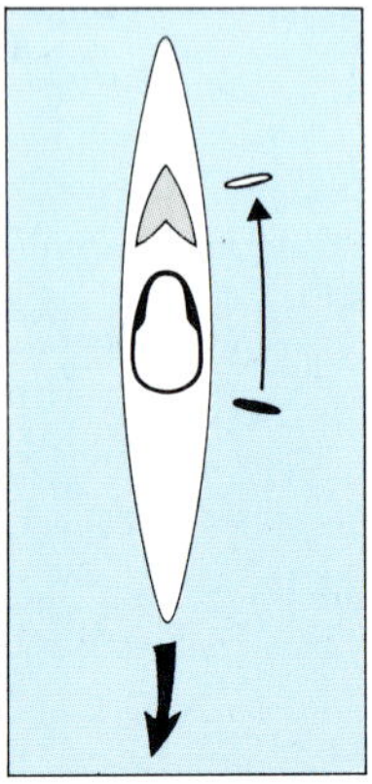

Konter- und Rückwärtsschlag rechts.

Varianten des Grundschlages vorwärts

Wie schon eingangs erwähnt, gibt es bei jeder Schlagart *abgeänderte Formen.*

Flacher Grundschlag

Das *Paddel* wird hierbei *weniger steil* geführt. Vor allem bei längeren Wanderfahrten ist diese Variante üblich.

Die Griffweite bleibt bei allen Schlägen gleich. Auf langen Strecken ist der flache Grundschlag ermüdungsfreier.

Steiler Grundschlag

Bei engen Durchfahrten, an Wänden und wenn man kurzzeitig besonders effektiv paddeln will, führt man das *Paddel steil und eng.* Mit zu langen Paddeln läßt sich dieser Schlag nicht ausführen.

Wird der Grundschlag in der steilen Variante eingesetzt, so taucht das Blatt tiefer ein und ist dadurch stets effektiver am Zug. Man sieht unter Paddel und Arm hindurch. ▷

1 2

Bogenschlag

Dieser Schlag wird auch *Rundschlag* genannt. Man beschreibt mit dem Paddel einen mehr oder weniger großen Bogen. Der Bogenschlag dient zum Kurvenfahren und als Korrekturschlag.

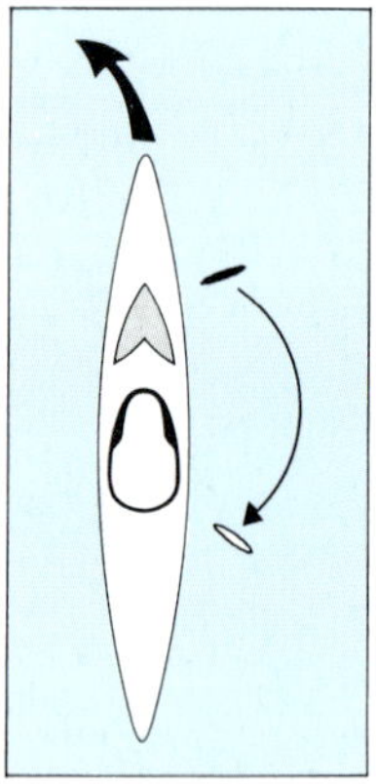

Mit dem Rundschlag erreicht man einen großen Ausschlag der Bootsspitze. Siehe Fotos 1–4 oben. Das Paddel wird knapp am Boot eingesetzt und beschreibt dann einen großen Bogen.

> Alle Schläge können natürlich auch mehr oder weniger *kräftig,* mehr oder weniger *lang* und mehr oder weniger *schnell* ausgeführt werden.

1 2 3

3

4

Seilfähre

Sie ist eine einfache und dennoch wichtige *Technik zum Seiten- oder Uferwechsel.* Vor Hindernissen oder Wehren kann sie sogar zwingend notwendig sein.

Seilfähre vorwärts

Dabei wird das Boot gewendet (Bug zeigt stromauf). Man paddelt mit dem Grundschlag vorwärts. Das hat den Vorteil, daß man die Strömung ständig im Auge hat und sofort reagieren kann. Das Boot

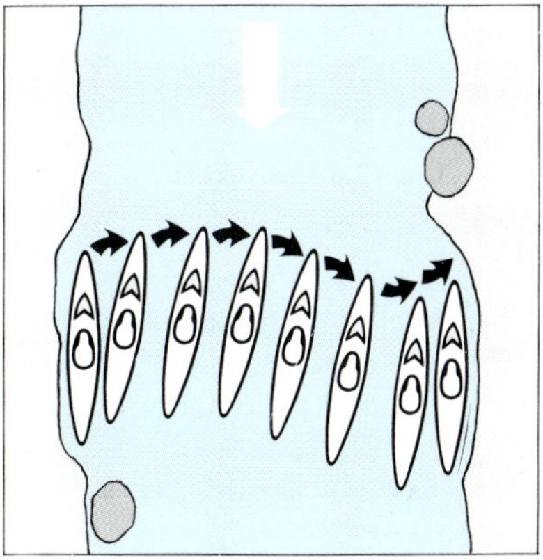
Mit Hilfe der Seilfähre quert man den Fluß, ohne an Höhe zu verlieren. Fotos 1–6.

4

5

6

wird schräg gestellt, die Bootsspitze zeigt leicht zur angestrebten Richtung. Das Boot wird nicht oder nur ganz schwach gekantet.

Tip: Bei richtiger Ausführung quert man den Fluß, ohne Höhe zu verlieren.

Fehler: Abdrehen des Bootes. Das passiert, wenn man in zu stumpfem Winkel einfährt.

Seilfähre in schwieriger Situation

Auch unter erhöhten Schwierigkeiten muß die Seilfähre »sitzen«. Schnelle Strömung, turbulente Zonen, störende Blöcke im Fahrbereich und unbequeme Uferzonen können eine Seilfähre zum technischen Problem werden lassen.

Tips:
- Üben Sie die Seilfähre oft und an den schwierigsten – aber ungefährlichen – Stellen.
- Je schärfer die Strömung, desto spitzer der Einfahrwinkel und desto kraftvoller muß auch gepaddelt werden.
- Nutzen Sie ruhigere Zonen und evtl. sogar Kehrwasser unterwegs, um die Seilfähre in Abschnitte aufzuteilen.

Seilfähre rückwärts

Sie ist eine Variante, bei der der Bug stromab zeigt und der Fahrer rückwärts paddelt. Diese Technik verlangt mehr Bootsgefühl. Sie hat den Nachteil, daß die effektivere Steiltechnik nicht angewandt werden kann und die Strömung von rückwärts kommt. Vorteilhaft ist, daß man das Boot nicht wenden muß und das Hindernis stets im Auge behält.

Gut gestützt

Das Boot ist kipplig, das Wasser unruhig. Wenn noch Stromschnellen, Turbulenzen, Wirbel eine Fahrt »würzen«, so könnte man diese Tücken nicht bewältigen ohne die entsprechende Technik, genauer die Stütztechnik. *Paddelstütze*

Physik: Druck und Gegendruck.

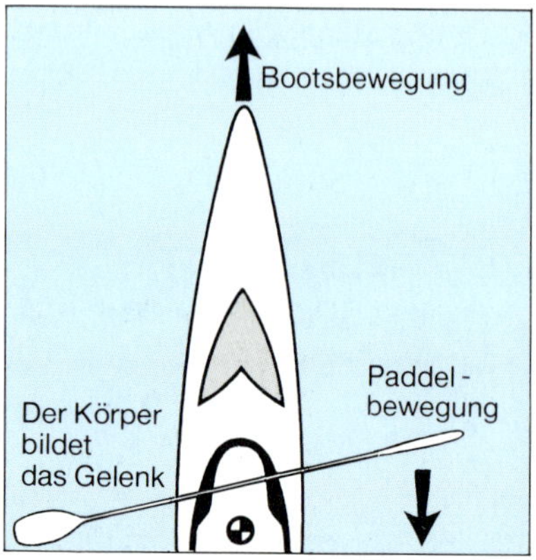

heißt das Zauberwort. Und tatsächlich lassen sich mit ihr die verzwicktesten Situationen meistern. Das physikalische Prinzip ist das gleiche wie beim Vorwärtsschlag, nur wird es hier nicht vertikal, sondern horizontal angewandt.
Der Druck der Blattfläche flach aufs Wasser wirkt kurzzeitig so stark, daß man sich mit dem Körpergewicht abstützen und wieder hochdrücken kann.
Genauso funktioniert die Eskimorolle.
Könner fuhren früher schon sehr schwierige Flüsse, auch viele Erstfahrten, ohne Steiltechnik, Ziehschlag und Rollen zu beherrschen - nur mit perfekt angewandter Paddelstütze. Heute gibt es weitere effektive Techniken, die die Stütztechnik ergänzen, keineswegs verdrängen.

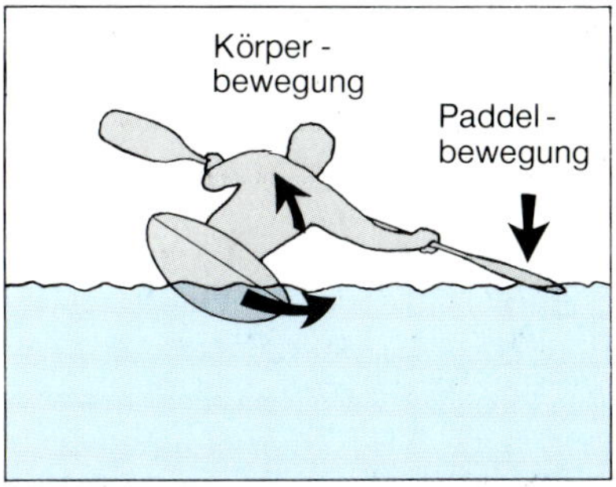

Flache Paddelstütze. Da man bei weiter Körperauslage nur kurzzeitig abstützen kann, muß man bei abnehmender Stützwirkung das Boot wieder unter den Körper einschwingen lassen.

Nach dem Auslegerprinzip ist die Stützwirkung um so größer, je weiter das Paddel vom Boot entfernt einsetzt.

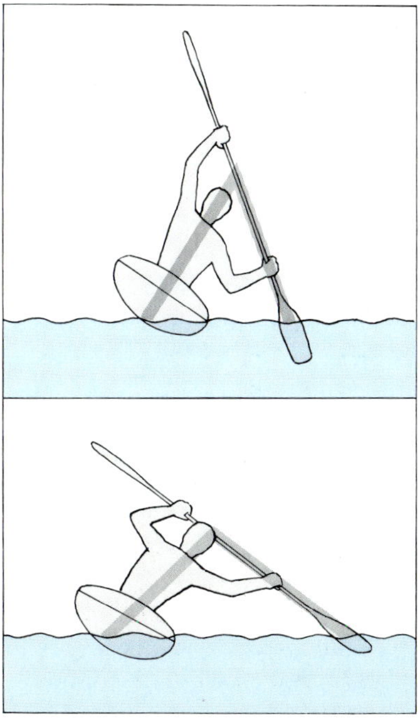

Wann wird gestützt?

Grundsätzlich ist es immer dann nötig, wenn man ein *Kentern vermeiden* will, also z. B. bei:

- Wellen von der Seite,
- Walzen, in die man quer gerät,
- Gefällstufen mit unruhigem Unterwasser,
- unregelmäßigen Schwällen,
- Felstouchierungen,
- Einschwingen in Kehrwasser.

Man kann - nicht elegant, aber nützlich - übrigens auch auf Steinen oder am Flußgrund abstützen.

Flache Paddelstütze

Bewegungsmethodisch geht sie aus dem Konterschlag hervor. Ein flacher, leicht nach vorne gezogener Schlag ergibt bereits ausreichende Stützwirkung. Geübt wird der Schlag am besten beim Einfahren in ein Kehrwasser.
Aus rascher Strömung kommend fährt man das ruhige oder gegenläufig strömende Kehrwasser an und legt das Paddel aus. Das Paddel bremst (Kontereffekt) nun, und das Boot beschreibt einen Bogen ins Kehrwasser. Während ausgelegt und gestützt wird, kantet man das Boot zur gewünschten Seite auf. Das Paddelblatt legt man nicht völlig parallel auf das Wasser, sondern »öffnet« es leicht nach vorne (für genaue Leser: ca. 15°). Damit wird das vertrackte Unterschneiden verhindert.
Bei einem geraden, neutralen ungekehlten Paddel ist es gleich, welche Blattseite man einsetzt; bei gekehltem Blatt stützt man mit der gewölbten - konvexen - Seite nach unten.

Hohe Stütze

Die hohe oder steile Paddelstütze ist aus dem Ziehschlag hervorgegangen. Sie ist von höchster Wirkung. Aus ihr kann man nahtlos wieder in einen Zieh- und sogar Vorwärtsschlag übergehen.
Auch hier übt man wieder beim Einfahren in ein Kehrwasser. Bei gekantetem Boot setzt man das Blatt steil und stark aufgewinkelt (geöffnet) ein und läßt das Boot förmlich darum herumschwingen.

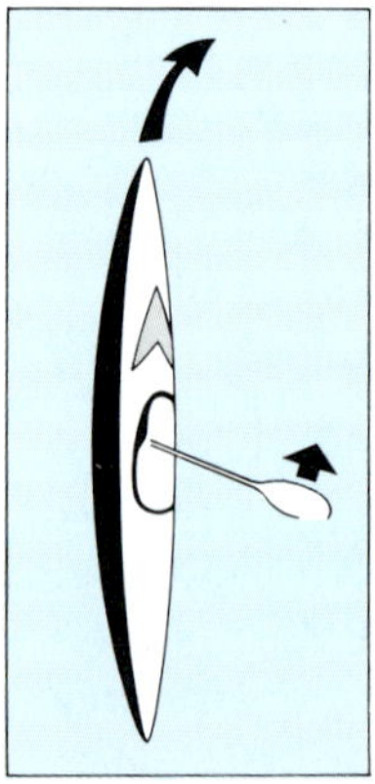

Flache und . . .

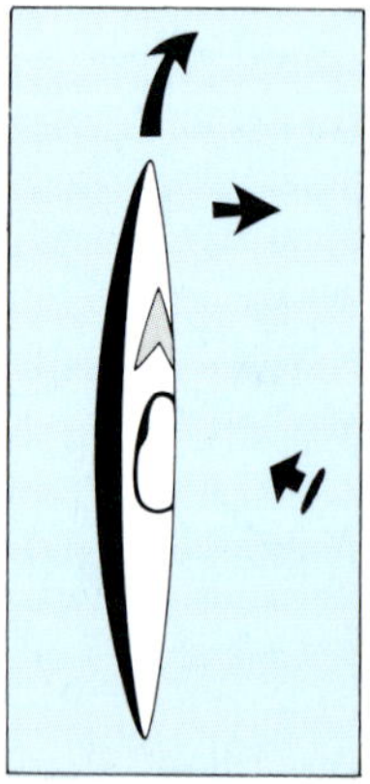

hohe Paddelstütze.

Bei der flachen und hohen (rechts) Paddelstütze ist das Boot leicht aufgekantet.

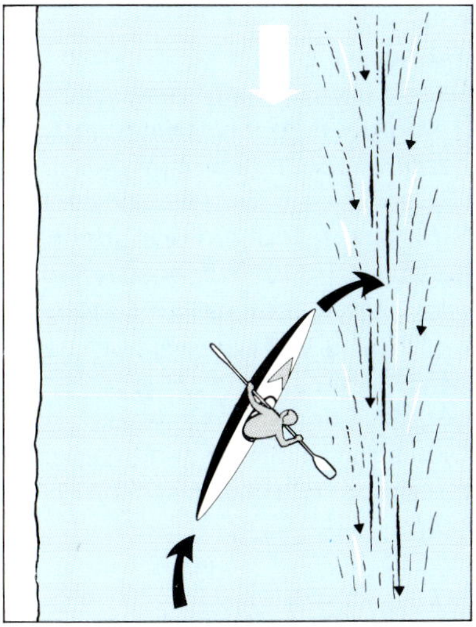

Das Foto zeigt die größtmögliche Auslage und damit beste Stützwirkung durch voll gestreckten Arm. Das Boot ist stark aufgekantet. (Rissbach, Schräge Rippen).

Tips:

- Die Stützwirkung ist am größten, je weiter das Paddel ausgelegt wird.
- Achten Sie auf die Relativgeschwindigkeit. Gemeint ist der Geschwindigkeitsunterschied zwischen Wasser und Paddel. Je größer die Differenz, desto besser die Stützwirkung. Wenn man also aus sehr rascher Strömung in ein scharfes Kehrwasser schießt, so muß man schon kräftig stützen und das Boot stark ankanten, um beherrscht einschwingen zu können.

Fehler: Das Paddel »unterschneidet«, d. h. man bekommt den Wasserdruck auf die falsche Seite des Paddelblattes und zieht sich ins Wasser, statt sich darauf abzustützen. Abhilfe schafft bewußtes und konzentriertes Öffnen (Aufwinkeln) des Blattes aus Unterarm- und Handgelenk.
Es wird zu eng, d. h. zu nahe am Boot gestützt. Dies passiert meist Neulingen, die dieser Technik nicht recht trauen. Zu vorsichtiges, zaghaftes Stützen bringt aber nichts. Man muß schon beherzt auslegen und energisch hantieren, um eine gute Wirkung zu erzielen.

Seitlicher Ziehschlag – Duffekschlag

Dieser Schlag – mit seinen Varianten bildet er eine ganze Schlag-Familie – hat die Wildwassertechnik ganz hervorragend vorangebracht. Damit sind notwendige *Kurskorrekturen* schnellstens und außerordentlich effektiv durchzuführen.
Die konventionelle Kurventechnik – einseitiges Paddeln, unterstützt von Konterschlägen auf der Gegenseite – bringt das Boot zwar auch in die gewünschte Richtung, aber diese Technik hat so große Nachteile, daß sie im schwierigeren Wasser nicht mehr verwendbar ist. Das Boot dreht sich dabei, es muß anschließend beschleunigt und dann wieder umgelenkt werden. In diesen Phasen kann es bei rascher Strömung quer auf das Hindernis auflaufen. Bei dichter Verblockung und rascher Strömung muß deshalb besonders darauf geachtet werden, daß das Boot möglichst gerade in der Strömung bleibt.
Dies erreicht man, indem man es parallel zur Strömung seitlich versetzt.

Die konventionelle Technik, Beschleunigen-Drehen-Beschleunigen, reicht bei schneller Strömung nicht mehr aus.

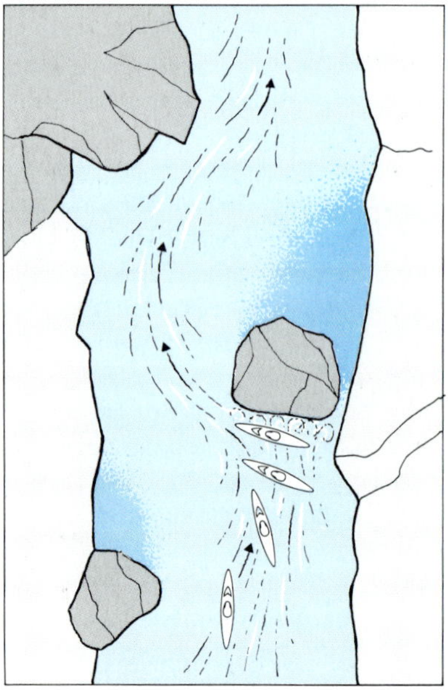

Ziehschlag Mitte

Das *Paddel* wird *steil* gehalten und *etwa in Bootsmitte* (meist auf Körperhöhe) *eingesetzt*. Je weiter außen – also vom Boot entfernt – es eingesetzt wird, desto größer ist der mögliche Weg und damit die Wirkung. Normalerweise findet man bei völliger Streckung des Unterarmes – damit des »Zugarmes« – den natürlichen Arbeitsradius. Man kann aber durch Aufkanten sowie Auslegen des Körpers diesen Arbeitsweg vergrößern.
Das Paddelblatt wird bootsparallel eingesetzt und zum Körper gezogen. Auf ruhigem Wasser muß sich das Boot genau seitlich verschieben. Der Aushub des Paddels erfolgt mittels leichter Drehung aus Hand und Unterarm. Die Gegenhand ist etwas über Kopfhöhe. Man sieht unter dem Arm durch.

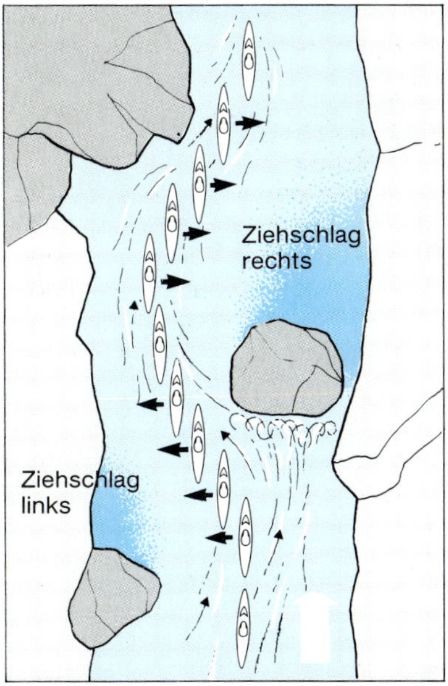

Mit zeitgemäßer Ziehtechnik lassen sich schwierigere Passagen meistern.

Das Aufkanten des Bootes dient nur der Erweiterung des Paddeleinsatzpunktes. Für die Wirkung des Schlages ist das Aufkanten eher hinderlich, da das gekantete Boot mehr Widerstand hat.
Derart isolierte Ziehschläge kommen meist nur beim Üben vor. Üblicherweise vermeidet man diesen Aushub und zieht das Paddel wieder nach außen, indem man dabei das Wasser durchschneidet. Die Hand beschreibt dabei ungefähr eine liegende 8.

Ziehschlag Vorne/Hinten

Je nach Situation werden die Schläge variiert und an jeder Stelle des Paddelbereiches angewendet. Man kann also allein die vordere oder die hintere Bootshälfte zur gewünschten Seite ziehen.

Die Grundform des Ziehschlags rechts Mitte.

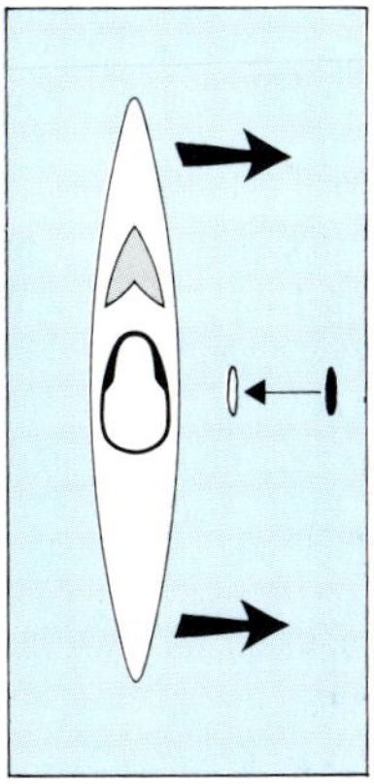

Ziehschlag vorne rechts.

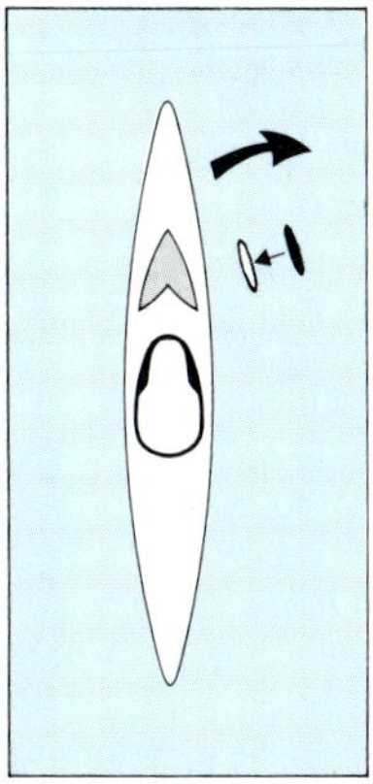

Ziehschlag hinten rechts.

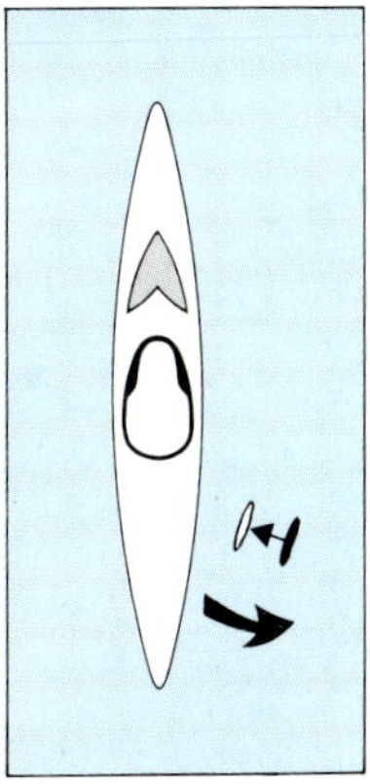

Ziehschläge

1

2

3

4

5

Der Fahrer wendet den Ziehschlag rechts an, um Distanz zur linken Felswand zu gewinnen.
(Kaiserklamm, Brandenberger Ache, Tirol).

Ziehschlag hinten.

Ziehschläge

Die Bildreihen zeigen den Ziehschlag Mitte links und rechts in seiner Grundform. Deutlich erkennbar ist der Aushub des Paddels (Bild 5 rechts) mit halber Drehung.

Ziehschlag vorne.

1

2

3

4

5

Beim Wriggen setzt man die konkave Blattseite ein.

1

2

Wriggen

Einer Kette solcher Ziehschläge ähnlich ist das Wriggen. Der Unterschied besteht lediglich darin, daß das Paddelblatt bei beiden Bewegungen - vor und zurück - wirksam wird. Die liegende 8 ist dabei noch deutlicher.
Auch das Wriggen kann natürlich mehr oder weniger weit vorne oder hinten durchgeführt werden.

Auch durch Wriggen kann man das Boot zur Seite ziehen.

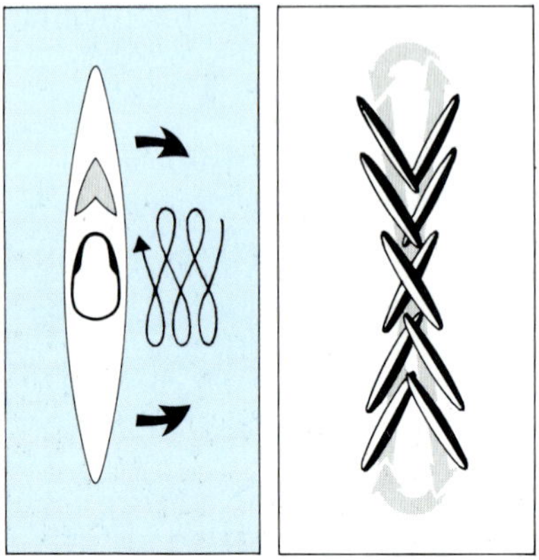

Wriggen und Stützen

Man merkt schnell, daß die *Zugwirkung* um so *besser* ist, je *steiler* das Blatt geführt wird. Umgekehrt wird die *Stützwirkung besser,* wenn man das Blatt *flach* führt.

Stützen durch rasches Wriggen.

3

4

5

Ankanten, Aufkanten

Die Begriffe An- und Aufkanten kommen wiederholt bei diversen Techniken oder Manövern vor. Beim Aufkanten wird das Boot seitlich abgekippt, und zwar *nur* durch Schenkel- und Kniedruck.

Tips:

- Üben Sie stets im ruhigen Wasser.
- Arbeiten Sie aus der Hüfte heraus.

Das Boot wird aus der Hüfte heraus angekantet.

Kurze Eskimorolle

Modernes Wildwasserfahren ist heute ohne Rolle nicht mehr denkbar. Das schnelle Wiederaufrichten verhindert das meist unkontrollierte und verletzungsgefährliche Schwimmen. Vom Abtreiben des Bootes und seinem mühseligen Bergen gar nicht zu reden.
Es gibt mehrere Arten der Eskimorolle. Die hier gezeigte *Variante der kurzen Rolle* ist relativ leicht und ihre Anwendung auch im schweren Wildwasser nahezu immer möglich.

Bei normaler Befähigung dauert das Erlernen der Rolle nach dieser Methode drei Tage, wenn man pro Tag etwa 30 Minuten konzentriert übt. Besonders Geschickte schaffen es auch rascher.

1

2

7

3

1 Das Paddel liegt rechtwinklig zum Boot.
2 Der Oberkörper ist knapp unter der Wasserfläche.
3 Das Boot steht bereits hochkant.
4 Jetzt schwingt das Boot unter den Körper.
5 Obwohl das Boot bereits völlig umgekantet ist, ist der Kopf noch nahe an der Wasserfläche.
6 Besonders deutlich ist hier die gelenkige Hüfte erkennbar.
7 Die Eskimorolle ist beendet.

6

4

5

Richtiger Sitz

Guter, fester Sitz, so wie er im Technikteil beschrieben ist, ermöglicht das genaue Führen und Zurückkippen des Bootes in die Normallage. Auf *geraden oder leicht vorgebeugten Körper achten.. Rückenlage vermeiden.*

Lockerer Hüftschwung

Nun gilt es, den *Hüftschwung oder Hüftknick* zu *üben.* Dies geschieht am besten am Beckenrand oder an einem Steg. Man hält sich locker mit einer Hand fest und »knickt« das Boot aus der Hüfte heraus um. Mit dem Kopf dabei nahe am Wasser bleiben.
Wenn das sehr locker und leicht geht, benützt man das *Paddel mit.* Es liegt dabei noch am Beckenrand auf. Die Hüftbewegung ist dieselbe.
Man trainiert dies ebenfalls so lange, bis sich die Bewegung locker ausführen läßt. Dabei achtet man besonders darauf, daß der Hüftschwung *kurz und schwungvoll* erfolgt. In der nächsten Phase übt man mit einem *vergrößerten Paddel,* nun aber schon *im Wasser,* nicht mehr am Ufer. Man kann sich mit Schaumplatten oder aufgebundenen Plastikbehältern behelfen. Nur am Anfang irritiert das geringe Nachgeben des Wassers. Wenn der Hüftschwung energisch genug ist, geht es genauso gut wie mit Uferunterstützung.

Fehler: Man übt den Hüftschwung nur halbherzig. Die Sache ermüdet, und man will zu schnell zum nächsten Schritt kommen. Das Bootumkanten muß ohne Anstrengung und nahezu spielerisch vor sich gehen.

Wenn man schrittweise das aufgesetzte Hilfsmittel verkleinert, gelangt man rasch zur Endphase, nämlich dem *Üben ohne Hilfskörper.* Technik und Bewegungsablauf bleiben unverändert. Je kleiner aber die Stützfläche wird, desto exakter muß der Hüftschwung »sitzen«

Oft werden Oberkörper und Kopf viel zu früh nach oben gebracht. Bewußt mit dem Kopf am Wasser bleiben, auch wenn das Boot bereits umgekantet ist. Der Oberkörper kommt mit dem Kopf zuletzt nach oben.

Feinarbeit

Ein Achtelkreis mit dem Paddel (man setzt etwas weiter vorne ein) gibt zusätzlich Schwung. Wenn man die Paddelhaltung verlängert, hat man einen noch größeren Hebel. Das Wichtigste bleibt aber der dynamische Hüftknick.

Ansatz zur kurzen Rolle links (Durance, Frankreich).

1 2 3

7 8 9

Die **kurze Rolle** (oben) mit einem Achtelkreisbogen. Begonnen wird mit parallel zum Boot gelegtem Paddel. Körperbewegung und vor allem Hüftarbeit sind mit der auf den Seiten 62 und 63 gezeigten Variante identisch.

1 2 3

4 5 6

10 11 12

Bei der **Handrolle** (unten) wird der Oberkörper mit kräftigen Handbewegungen an die Wasserfläche (3) gebracht. Hüftknick und Hüftschwung vollenden die Rolle. Der Oberkörper bleibt in jeder Phase nahe am Boot!

4 5 6

Durchrollen

Wenn man z. B. links kentern und rechts hochdrehen will, so »rollt man durch«. Dazu ist es empfehlenswert, das Paddel parallel zum Boot zu legen. Nach dem Durchkentern bringt man das Paddel wieder quer zum Boot an die Oberfläche und dreht dann wie gewohnt auf.

Kentern

Eine Kenterung ist normalerweise kein Beinbruch, aber doch oft genug das Ende einer Bootsfahrt. Und so manche Paddlerkarriere nahm nach einem kalten, schockierenden Bad ein rasches Ende. Das muß nicht sein, wenn man weiß, was eine Kenterung ist, wodurch sie entsteht, wie man sie ver-

Tips:

- Steigen Sie - auch unter Wasser - beherrscht und kontrolliert aus.
- Schwimmen Sie im flachen oder blockreichen Gewässer mit den Beinen voraus.
- Schwimmen Sie in Hockstellung, und federn Sie so Stöße ab.
- Orientieren Sie sich, und steuern Sie einen günstigen Uferpunkt an.
- Verändern Sie dann die Schwimmlage, und kraulen Sie in Seilfähren-Art zum Ufer.
- Bleiben Sie nur solange am Boot, wie es nötig ist, Luft zu schöpfen.
- Geben Sie lieber das Boot auf als sich selbst!

Meist ist es natürlich besser, eine Kenterung wieder mit der Rolle auszumerzen, aber es gibt Situationen, in denen ein blitzschnelles Aussteigen zweckmäßiger ist. Dies gilt für überraschende Baumhindernisse sowie für Klemmsituationen.

In jeder ordentlichen Kanuschule gibt es reguläre *Kenterübungen.* Dadurch gewöhnt man sich an die doch recht überraschende Situation unter Wasser und lernt, auch unter Wasser logisch und vernünftig zu handeln.

Solche Kenterübungen kann man ebensogut selbst durchführen. Allerdings sollten immer »Nothelfer« bereitstehen. Ruhe und Konzentration auf die gar nicht so komplizierte Ausstiegssituation stellen sich dann ganz von selbst ein.

Wenn man aber die Angst vor einer Kenterung überwunden hat, so wird nicht nur das Training, sondern später auch jede Flußfahrt viel unbeschwerter.

Bei Badewetter macht sogar das Kentern Spaß.

meidet und - wenn es doch passiert - wie man den Unfall am besten bewältigt.
Jeder Kenterung geht immer ein Fahrfehler oder eine Unachtsamkeit voraus. Wie man Fahrfehler vermeidet, ist im Kapitel »Technik«, nachzulesen. Bei Unachtsamkeit muß man mit sich selbst zu Rate gehen.
Wie auch immer, man sollte mit allem rechnen und so eine Kenterung in sämtlichen Varianten durchspielen. Noch besser freilich ist eine Kenterübung in einer realistischen Flußsituation.

Planung

Je gründlicher eine Bootsfahrt vorbereitet ist, desto seltener treten unliebsame Überraschungen auf. Als erstes wird man sich wohl *über den Fluß informieren;* am besten indem man einen zuverlässigen *Freund* befragt. Ein beinahe ebenso guter Ratgeber ist ein aktueller *Flußführer* (siehe Seite 107). Steht einem keiner zur Verfügung, so geht es mit gründlichem Kartenstudium. Die *Karte* kann gar nicht genau genug sein. Häufig begnügt man sich aber auch mit der bequemen *Autoerkundung.* Meist führt ja eine Straße am Fluß entlang, und so kann man beinahe mühelos seinen Lauf verfolgen und die Geographie beobachten. Bei unbekannten Schluchten und Expeditionen wird es schon schwieriger. Hier sind richtige *Erkundungstouren,* auch mit Durchkletterungen und Einseilaktionen, durchaus üblich.
Zum praktischen Teil gehört auch die Überlegung: Wie kommt man *zum Einsatzort* bzw. *vom Ausstieg* wieder *zum* abgestellten *Auto.* Nicht immer hat man ja einen bereitwilligen Chauffeur dabei. So behelfen sich manche Sportfreunde mit zuvor deponierten Rädern, mit Autostop, Bus oder Bahn. Am bequemsten geht es mit zwei Autos.
Daß zur sorgfältigen Vorbereitung natürlich auch eine *Ausrüstungskontrolle* gehört, ist selbstverständlich. Im Zuge der Planung muß auch die Möglichkeit eines *Fahrtabbruchs* berücksichtigt werden. Bei unbekannten Gewässern, Hochwasserstand oder Zwischenfällen wie Verletzungen oder Materialschaden kann dies notwendig werden. In offenem Gelände ist das kein Problem. Schwierig wird es, wenn man in einer Schlucht abbricht oder bei Dunkelheit. Da ist es dann sehr nützlich, wenn Außenstehende von der Fahrt wissen und Hilfe veranlassen können.

Es gibt Fahrsituationen, die sich nicht isoliert trainieren lassen. Deshalb werden die ersten Flußfahrten für jeden Neuling zugleich Trainingsfahrten sein. Beim Entdecken neuer Flußreviere wird man also auch neue Fahraufgaben vorfinden, die zu lösen ja immer wieder Spaß macht. Eine Trennung von reinem Erlernen der Technik und einer Flußfahrt findet also nur hier auf dem Papier statt.

Einschwingen

Jede Flußfahrt beginnt mit dem Ablegen. Nun könnte man einfach das Boot flußab stellen, sich hineinsetzen und abstoßen. Das geht zwar auch, und bei ganz engen Flüssen

◁ Die Loisach bei Garmisch-Partenkirchen gehört zu den beliebtesten Trainingsstrecken.

muß man sogar so starten. Üblich ist diese Art jedoch nicht. Zu leicht bleibt man im Uferrandbereich, vor allem an Büschen, hängen. Auch hat man während der ersten, noch langsamen Fahrphase die Strömung im Rücken. Man kann also nicht rechtzeitig sehen, wie das Boot vom Wasser erfaßt wird. Richtigerweise wird also das Boot *mit der Spitze stromauf* eingesetzt. Man paddelt kurz und kräftig stromauf, schräg zur Hauptströmung hin. In dem Moment, in dem das *vordere Bootsdrittel* von dieser erfaßt wird, kantet man flußab. Die Strömung dreht das Boot. Um nicht zu kentern, stützt man flußab aus. Da dieser Vorgang sehr schwungvoll abläuft, spricht man von Ein- bzw. Ausschwingen.

Ausschwingen

Das Ausschwingen verläuft *gegenläufig.* Man kommt aus der Strömung in die ruhigere Uferzone oder in eine gegenläufige Strömung (Kehrwasser), und dabei nutzt man die Gegenströmung sozusagen als Bremse. Man kantet wieder auf, diesmal flußauf. Aber Vorsicht! Flußauf bedeutet, auf die gegenläufige Kehrströmung bezogen, *stromab.*

Das Boot kippt zur Seite.

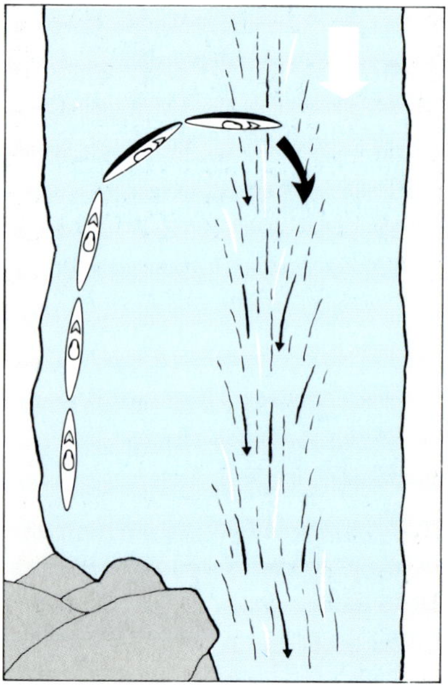

Beim Ausschwingen kantet man flußauf.

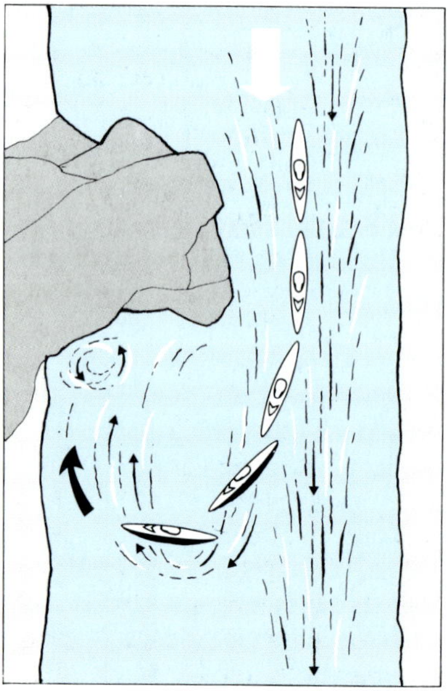

Das vordere Drittel des Bootes wird gerade von der Strömung erfaßt und in die erwünschte Richtung eingedreht. Deutlich erkennbar sind das starke Aufkanten und die weite Körper- und Paddelauslage zur Abstützung.

Training

Jedes Ausschwingen ist immer auch ein Einfahren (Einschwingen) in ein Kehrwasser. *Kehrwasserfahren* ist das beliebteste Training jedes Wildwasserfahrers. Schwierige, besonders scharfe oder kleine Kehrwasser zu erreichen, ist eine vorzügliche Übung zur Bootsbeherrschung. Man kann das Ausbalancieren des Bootes aus der Hüfte und mit Hilfe des Schenkeldruckes ausprobieren, man kann zentimetergenaues Fahren üben, und letztlich bekommt man ein vorzügliches Gefühl für unterschiedliche Strömungen.

1 2 3

7 8 9

Obere Bildreihe:
1 Der Kanute fährt mit Schwung in die Strömung ein.
2–3 Das Paddel wird umgesetzt und die Paddelstütze vorbereitet.
4–6 Mitnahme der Bootsspitze durch die Strömung, Aufkanten und Stütze erfolgen nahezu gleichzeitig.
7–8 Das Boot schwingt um den Drehpunkt herum, und es steht wieder gerade.
9–12 Aus dem Stützschlag wird kurz

1 2 3

4

5

6

10

11

12

ein Ziehschlag links, der im letzten Teil in einem Vorwärtsschlag endet.

Untere Bildreihe:
1–4 Beim Ausschwingen aus rascher Strömung ist der gleiche Ablauf mit den Phasen Aufkanten, Stützen und dem Geradestellen des Bootes zu erkennen.
5–6 Mit dem letzten Teil des Stützschlages wird das Boot abgebremst. Der Fahrer führt das Paddel nach vorne und kontert somit.

4

5

6

Im Schwall

Das größte Vergnügen findet man u. a. beim Durchfahren einer lebhaften Schwallstrecke. Hohe Wellen, das Auf und Ab der Bootspitze: der Rhythmus eines Flußlaufes ist hier am unmittelbarsten zu spüren.
Den *besten Weg* zeigen fast immer die *höchsten Wellen.* Hier ist der Stromzug am geradesten, freilich ist auch die Geschwindigkeit am größten.
Von oben betrachtet ergeben die Wellen immer ein mehr oder weniger deutliches V- oder Zopfmuster. Einer besonderen Fahrtechnik bedarf es hier nicht, es wird nahezu immer mit *Grundschlag vorwärts* gefahren.
Allerdings wird sich der Anfänger sicherer fühlen, wenn er *schneller* fährt. Nur Könner lassen sich - womöglich auch noch quer - einfach treiben. Doch soll man sich durch ihre Lässigkeit nicht täuschen lassen. Sie *tarieren* viel, aber meist unmerklich *mit der Hüfte* aus und sind stets bereit, blitzschnell auszustützen, wenn es doch zu kipplig wird.
Im sehr starken Schwall wird allerdings auch der Geübte genau darauf achten, daß er stets *ein Paddelblatt im Wasser* hat und sein Boot nicht querschlägt.

Tips:
- Trainieren Sie Schwallfahren in verschiedenen Tempi.
- Fahren Sie auch rückwärts.
- Achten Sie auf den Wellenrhythmus.

Spaß im Schwall (Ötztaler Ache).

Prallwasser

Trifft das Wasser auf ein Hindernis, so ergeben sich besonders interessante Strömungsvarianten. Man spricht allgemein von *Prall-* oder *Preßwasser,* von einem *Prallhang* oder einer *Prallwand.*
Je nachdem, wie dieses Hindernis ausgeformt ist, bildet sich ein *Prallpolster,* eine *Unterspülung oder Varianten.*
Am harmlosesten ist das *Prallpolster.* Hierbei wird das Wasser vor dem Hindernis hochgeschoben und läuft dann seitlich ab.
Bei *Unterspülungen* (Unterzug/

Tips:

- Fahren Sie so weiträumig wie möglich vorbei.
- Kanten Sie nicht auf.
- Korrigieren und unterstützen Sie das Manöver mit konsequentem Ziehschlag.
- Beim Prallpolster können Sie, wenn Sie nicht rechtzeitig vorbeikommen, auch auf das Wasserpolster auffahren.
- Auch hier ist gerade, ungekantete Bootshaltung zu empfehlen.

Prallwände finden sich fast nur in Flußkurven.

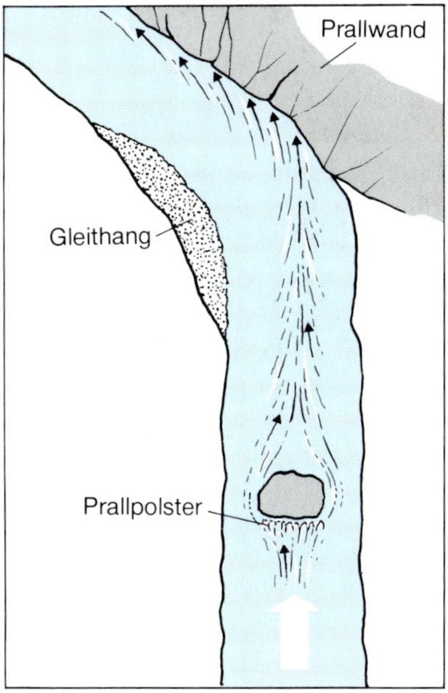

Kräftiges Prallpolster vor einem Block. Der Fahrer ließ sich antreiben und auf das Polster heben.

Sog) zieht das Wasser nach unten weg und quirlt dann seitlich wieder auf. Sie lassen sich am fehlenden »Polster« leicht erkennen.
Bei der Befahrung einer unterspülten Stelle kommt es darauf an, den eigentlichen Ansaugbereich zu meiden. Man sollte sich also keinesfalls antreiben lassen. Zwar wird man mit dem Boot kaum abgesaugt, aber einem ausgestiegenen Schwimmer kann das schon passieren. Bei stark ausgespülten Unterspülungen erweist sich die moderne Ziehtechnik als unumgänglich. Nur mit beherrschten seitlichen Ziehschlägen und einer präzise angestrebten Route lassen sich diese Aufgaben lösen.

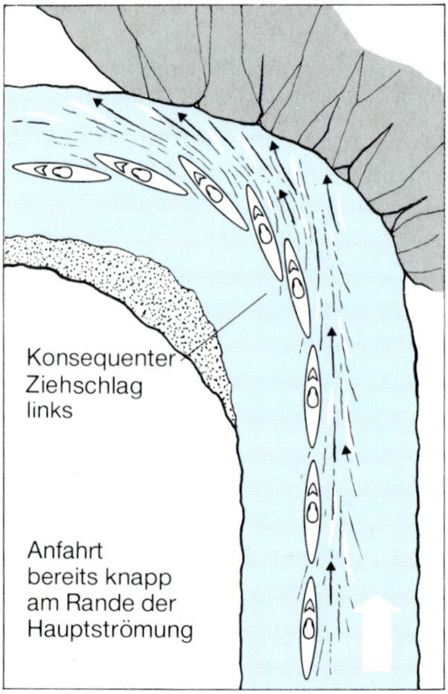

Das Wasser trifft auf diese Prallwand so heftig auf, daß es hochspritzt. Man erkennt, wie das Prallpolster stark aufgeschoben wird und sich in Widerwellen an der Felswand bricht. Geriete der Paddler in diesen Bereich, so könnte er von den Widerwellen (»Locken«) regelrecht eingerollt und zum Kentern gebracht werden.

Bei einer Unterspülung ist ein Prallpolster nicht sichtbar.

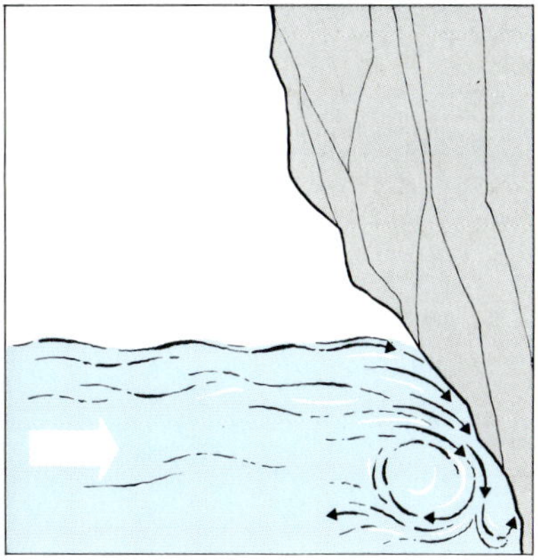

Das Prallwasser wird zum Polster aufgeschoben.

Durch natürlichen Blockfall entstandener Katarakt. Das »Labyrinth« am Ubaye (Frankreich) wird mit WW IV–V bewertet.

Im Katarakt

Eine durch Blöcke oder Felsriegel gegliederte Stromschnelle wird als *Katarakt* bezeichnet. Das Wasser durchfließt diese Gefällstrecke mit Haupt- und Nebenströmungen, bildet Preßwasser, Wirbel und Walzen. Durch die unterschiedlichen Wassergeschwindigkeiten ergeben sich Turbulenzen, Verschneidungen und variantenreiche Stromformen.
Jeder Katarakt ist anders und ändert seine Gestalt auch noch mit jedem Wasserstand. Zudem verändern ihn Treibgut, Geschiebe und Hochwasser. Es kann daher nur recht allgemeine *Regeln für eine Befahrung* geben:

- Kleinere Katarakte lassen sich oft vom Boot aus übersehen.
- Bietet sich eine Route hindernisfrei an und entspricht das eigene Können der Stelle, so gibt es sicher keine Probleme.
- Bei schwierigeren Katarakten, also schon über WW 3, muß man die Situation vom Ufer aus untersuchen.
- Mit einiger Phantasie wird man sich die Fahrt vor Augen führen, wird die Einwirkung der Strömung abschätzen und fallweise auch einplanen, welche Schlagtechnik man an welcher Stelle anwenden sollte. Die Route sieht vom Boot meist anders und weniger übersichtlich aus. Manche prägen sich deshalb besonders markante Punkte (Merksteine) als Gedächtnisstütze ein.
- Gut tut man auch daran, ein eventuelles Verfehlen der geplanten Route vorauszudenken. – Gibt es eine Möglichkeit zum Abbruch? Zur Korrektur? Kann man notfalls eine andere Variante weiterfahren? Hat man Zeit, aufzudrehen, wenn es zu einer Kenterung kommt? Welche Stellen oder Situationen sind absolut zu meiden?

Das sind alles Fragen, die vor Ort zu entscheiden sind. Oft hilft ein Vergleich mit vorher bewältigten ähnlichen Situationen.

Tips:

- Prägen Sie sich die geplante Route genau ein.
- Orientieren Sie sich auch aus der Kajakperspektive.
- Bedenken Sie ein Mißlingen oder Kentern.
- Fahren Sie notfalls – wenn es Sie gedreht hat – rückwärts zu Ende.
- Konzentrieren Sie sich.
- Ist ein Katarakt besonders schwer, besteht Klemm- oder Steckgefahr, so wird man sich auch mit Sicherungsmöglichkeiten vertraut machen. Auch eine Kenterung mit Ausstieg und Schwimmen ist immer im Bereich des Möglichen.

Gefällstufen

Wenn Wasser über eine Kante stürzt, so spricht man landläufig von einem Wasserfall. Kanuten bezeichnen dies etwas nüchterner als Gefällstufe. Stufen von ½ m bis zu 10 m werden gefahren. Eine hohe Stufe ist sicher das spektakulärste Kriterium im Wildwassersport, dabei jedoch oft gar nicht einmal das schwerste.

Auch eine Stufe gliedert sich, wie alle anderen Kriterien, in Einfahrt, Durchfahrt und Ausfahrt.
Glatte, einfache und minder hohe Stufen übersieht man vom Boot aus. Schwierigere, unübersichtliche Stellen wird man vorher erkunden.
Drei Fragen sind zu *prüfen:*

- Mehr oder weniger sichere Anfahrt?
- Höhe und Steilheit der Stufe?

Klare, »saubere« und damit ungefährliche Stufen mit ruhigen Gumpen findet man auf den erdgeschichtlich noch jungen Flüssen Korsikas.

In Deutschland sind solche Stufen selten geworden. Die Eingangsstufe der Partnachklamm fällt in ein relativ kleines und stark rücklaufendes Tosbecken. Bei guter Wasserführung, wie hier, bewertet man mit mindestens WW IV, und dies auch deshalb, weil die folgende Engstelle technisch anspruchsvoll ist.

- Beschaffenheit des Unterwassers: genügende Eintauchtiefe, überwindbarer Rücklauf, Hindernisse im Unterwasser?

Eine schwierige Anfahrt, große Höhe und starker Rücklauf des Unterwassers lassen schnell die Grenze der Befahrbarkeit erreichen. Das Problem der Sicherung, des Schwimmens oder eines Einfahrfehlers will untersucht sein. Hat man sich aber für eine Befahrung entschieden, so gibt es einige Techniktricks, die die Sache glatter und sicherer ablaufen lassen:
Zum einen sollte man sich den *gewünschten Punkt der Wasserkante* genau *einprägen*. Jeder hat dafür seine Methode. Z. B. merkt man sich »2½ m vom linken Rand.«
Zum zweiten ist eine *hohe Anfahrgeschwindigkeit* günstig.
Und zum dritten kann man mit energischem Vorwärtsschlag unmittelbar an der Kante und mit schwungvollem Zurückwerfen des Oberkörpers die *Bootsspitze etwas nach oben bringen* und damit einen weniger steilen Fall erreichen. Das führt dann zum Eintauchen im flacheren Winkel. Die Folge ist eine geringere Eintauchtiefe und eine kürzere unkontrollierte Phase im Unterwasser.

Walzen

Wasser fließt nie gerade. Es befindet sich immer in einer drehenden, schraubenden und rollenden Bewegung. Besonders erkennbar wird dies an Hindernissen im Fluß.
Es gibt *senkrecht stehende Walzen;* allerdings heißen sie dann *Wirbel oder Strudel.* Außerdem *waagrechte liegende Walzen.*
Im Wildwasser findet sich eine Reihe von Varianten.
Die meisten Walzen sind *stationär,* d. h. sie bilden sich unmittelbar an einem Hindernis. Ihr Zustand ist

Querwalzenbildung nach Hindernissen.

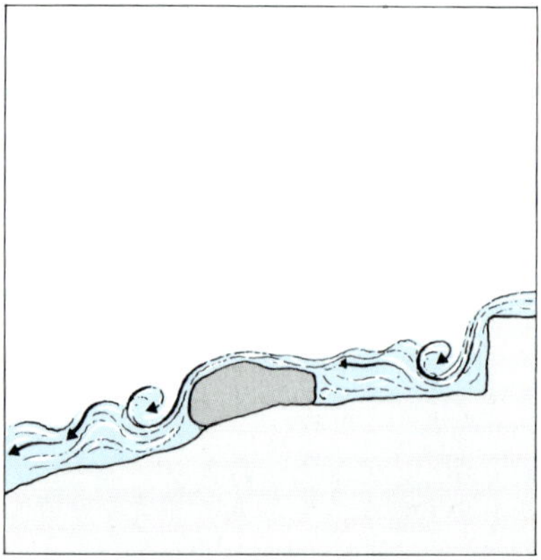

berechenbar. Bei einem bestimmten Wasserstand bildet sich z. B. hinter einem Felsriegel eine Walze von nahezu konstanter Größe.
Die Walzengröße verändert sich durch den Wasserstand. Manche Walzen *»laufen zu«,* sie verschwinden also, und manche bilden sich dann erst.
Im Wildwasser mit seiner Vielfalt an Gesteins- und Flußbettformen gibt es aber auch Walzen, die regelrecht pulsieren. Sie bauen sich stetig auf, um dann abzulaufen und sich in bestimmten Intervallen wieder neu zu bilden. Selten kann man *»Wanderwalzen«* beobachten. Sie entstehen an einer bestimmten Stelle, um bei Erreichen einer gewissen Intensität sozusagen ein Eigenleben zu beginnen. Sie lösen sich ab und »treiben« mit der Strömung, um sich in der Folge wieder aufzulösen. Die Gestalt reicht vom einfachen Bogen bis zu verwundenen, wurmartigen Formen.
Diese angeführten physikalischen Gegebenheiten beeinflussen natürlich den Kajaksportler beim Durchfahren einer Walze.
Kleinere Walzen haben nur geringe Einwirkungen. Sie können das Boot fallweise ablenken oder, wenn man quer eintreibt, kurzzeitig stoppen.

Walzen ausreiten

Dies wird gerne geübt. Man läßt sich *quer eintreiben* und *stützt flußab.* Wichtig ist dabei, daß die *Bootsoberschale nicht in das von oben kommende Wasser* gerät. Das Boot kann sonst leicht umschlagen. Man kann mit flacher oder hoher Stütze (oder sogar mit der Hand) ausstützen. Ist die Walze entsprechend stark, so *»hält«* sie. Das heißt, der Bootfahrer bleibt quer in dieser Stelle hängen. Will man die Walze verlassen, so kann man dies mit einem seitlichen Ziehschlag flußab. Damit *»zieht«* man sich über die Walze.

Geht das nicht, weil die Walze zu hoch ist, ist es möglich, das Boot mit dem Stützblatt, das dann quasi Steuerruderfunktion erhält, vor und zurück zu bewegen. Dies kann man so lange wiederholen, bis sich das Boot *»herausschaukelt«*. An den Seiten befindet sich meist eine genügend starke Ablaufströmung, die die Bootsspitze mitnimmt und das Kajak aus der Walze dreht.

Ist auch dies erfolglos, kann man es mit einer *beherrschten Kenterung* probieren. Man läßt sich flußab umkippen und versucht, Oberkörper, Arme und Paddel möglichst tief nach unten in die Unterströmung zu bekommen. Dieser Unterzug soll dann den Kanuten aus der Walze ziehen.

Hilft auch das nicht (man hat nach diesem vergeblichen Versuch wieder hochgerollt), so kann man einhändig die *Spritzdecke öffnen* und das *Boot vollaufen lassen* (Fluten). Das Boot kommt somit tiefer, und

Diese Walzenarten sind häufiger anzutreffen.

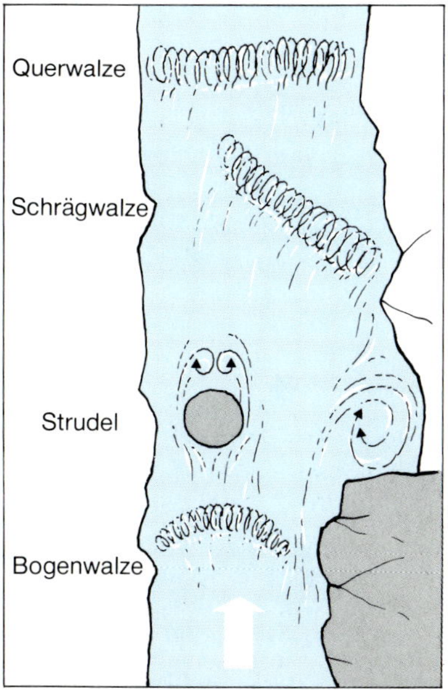

Hier wird die Stoppwirkung einer Schrägwalze zum Traversieren genutzt.

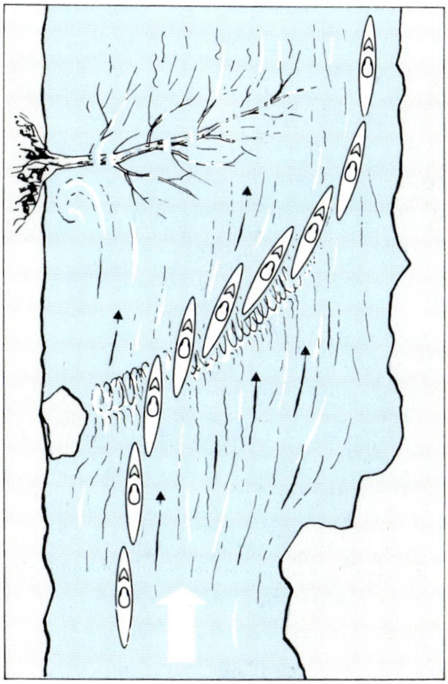

es besteht die Möglichkeit, daß es dann leichter mit dem Unterzug freikommt.

Walzen auf freier Strecke sind Hindernisse, die entweder bewältigt oder umgangen werden müssen. Beim Durchfahren einer Walze bremst das Stau- oder Widerwasser. Bei großen Walzen spürt man regelrecht einen Druck auf den Oberkörper. Sie können den Fahrer sogar stoppen und querdrehen. Dann hilft nur das Ausreiten zu einer ablaufenden Seite.

Manchmal benützt man den Bremseffekt auch zum Korrigieren der Fahrtrichtung, ja sogar zum Traversieren.

Will oder muß man einmal eine *starke Walze sicher durchfahren,* so empfiehlt sich *folgende Taktik:*

- Schnelles Anfahren.
- Gerades Anfahren (im rechten Winkel zur Walze).
- Oberkörper in Vorlage, möglicherweise schräg geneigt.
- Mit der stärkeren Hand (Rechtshänder meist rechts) greift man möglichst weit über den Rücklauf vor und zieht sich kraftvoll durch.
- Oft kann man seitlich, in der Nähe der Ablaufzunge fahren.

Da in der zweiten Walze noch weiteres verstecktes Schwemmholz vermutet wird, fährt der Paddler die erste Walze bereits schräg an, kalkuliert das Querschlagen des Bootes ein und reitet die Walze zur gewünschten rechten Seite aus. Er kann nun rechts über die erkennbare Ablaufzunge den gefährlichen Bereich umgehen.

Wehre

Sie sind kein Wildwasser. Wenn hier trotzdem auf sie eingegangen wird, dann deshalb, weil sie gefährlich sind und weil sie auch in Wildflüssen häufig vorkommen.

Grundschwellen, Staustufen, Floßrutschen und Wehre verschiedenster Bauformen laden – wegen der Unbequemlichkeit des Umtragens – gerne zur Befahrung ein. Die Heimtücke mancher Anlagen fordert mehr als ein Drittel aller töd-

Unvermutet auftauchende und kaum erkennbare Wehre wie dieses auf der Albula (Schweiz) stellen eine erhebliche Gefahr dar. Die Befahrung dieser Schwelle mit dem über 6 m weiten Rücklauf erscheint unmöglich. Eine Kenterung wäre wahrscheinlich tödlich.

Häufig vorkommende Wehrformen

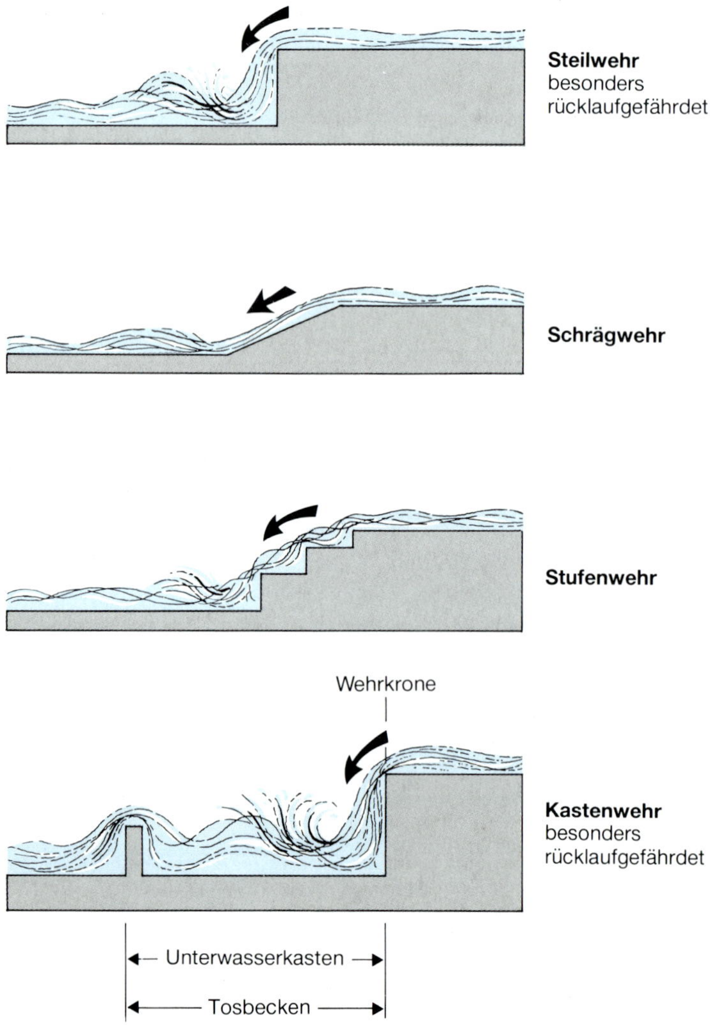

Tips:

- Prägen Sie sich Wehre anhand von Flußführern ein.
- Fahren Sie nie zu dicht an sie heran.
- Wählen Sie bei Hochwasser besonders sichere, weiter entfernte Anlegeplätze.
- Sehen Sie sich selbst altbekannte Wehre stets aufs neue an. Eingeschwemmte Hindernisse, verstellte Schütze können neue Gefahren ergeben.
- Fahren Sie einzeln.
- Fahren Sie am Rand. Zielen Sie auf eine Ablaufströmung.
- Fahren Sie schnell, gerade und entschlossen.
- Nehmen Sie das Paddel bereits im Abkippen nach vorne, um sich im Unterwasser besser abstützen bzw. sofort nach vorne ziehen zu können.
- Fahren Sie wirklich nur dann, wenn der Rücklauf erkennbar ungefährlich ist.

Wird eine Sicherung aufgestellt, so zeigt dies, daß man von der Ungefährlichkeit der Sache nicht überzeugt ist. Rettungsmaßnahmen sind in einem eigenen Kapitel gesondert dargestellt (siehe Seite 95).

lichen Kanu-Unfälle! *Wehre sind* aus mehreren Gründen *gefährlich:*

- Sie sehen oft harmlos aus und verleiten Unkundige zum Fahren.
- Sie entwickeln im Bereich der Abrißkante einen unüberwindlichen Sog.
- Sie haben oft, durch Kanalisierung, im Einzugsbereich keine Anlegemöglichkeit.
- Sie halten, durch Rückströmungen im Unterwasser, den Kanuten im Boot oder auch den Schwimmer fest.

Hilfeleistung ist schwierig. Gelegentlich ertrinken auch Retter.
Ist ein Wehr ersichtlich harmlos, also ohne nennenswerten Rücksog, so kann gefahren werden. Im gegenteiligen Fall wird selbstverständlich nicht gefahren.

- Schwierig und gefährlich sind die Zweifelsfälle.

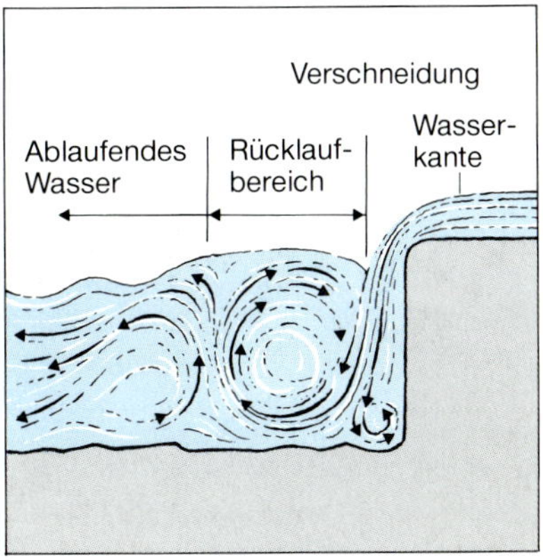

An einigen wenigen Wehren finden sich Rutschen für Paddelboote (Ammer, Oberbayern).

- Im Zweifelsfall immer umtragen!

Manchmal geben Flußführer die Befahrbarkeit von Wehren an. Dies ist mit Vorsicht zu genießen. Die Verhältnisse ändern sich nicht nur durch die unterschiedlichen Wasserstände , sondern auch durch Treibgut und beispielsweise neueingestellte Schütze.

Wegen des Hochwassers wurde der Schütz des Umlaufes geöffnet. In dieser Schrägrinne kann man den lebensgefährlichen Hauptwehrbereich umgehen.

Klammen und Schluchten

Sie zu befahren, bedeutet Reiz, Herausforderung und Abenteuer. Und für manchen ist die Befahrung einer bedeutenden Schlucht der Höhepunkt seiner Kajak-Karriere. Wenn das Können und die richtigen Verhältnisse zusammentreffen, wird so eine Fahrt zum Erlebnis. Einige wichtige Punkte sind *bei einer Schluchtbefahrung* aber *besonders zu beachten:*

- Man muß sich noch genauer nach dem Flußverlauf erkundigen und darf auch ein mühsames Einklettern nicht scheuen.
- Etwaige schwere oder unfahrbare Passagen wird man auf Umtrage- und Sicherungsmöglichkeiten hin untersuchen.
- Hindernisse wie etwa eingeschwemmte Stämme sind in einer Schlucht besonders gefährlich.
- Gibt es Stellen, die zwar fahrbar, aber nicht zu umtragen sind? Sogenannte Zwangspassagen? Kann man die Schlucht notfalls an gewissen Stellen verlassen?
- Bleibt der Wasserstand während der Befahrung stabil?

Hat man sich vergewissert, ist dennoch mit einer höheren psychischen Belastung zu rechnen. Eine an sich beherrschbare IVer-Stelle kann in einer Klamm sehr schnell zu einem enormen Hindernis werden.

Der Fluß ist der Weg (Dürrachschlucht, Oberbayern).

Hindernisse

Alles, was den glatten Lauf eines Flusses stört, bezeichnet man als Hindernis. Das kann eine Flußbiegung sein oder ein Felsen, eine Stromschnelle oder ein Wasserfall.
Bei *natürlichen Hindernissen* ergeben sich oft kanutechnische Herausforderungen, die, je nach Könnensstand, mehr oder weniger erwünscht sind. Kriterien, die man beherrschen kann, machen ja besonderen Spaß.
Mit den eher unästhetischen Hindernissen, dem *Abfall,* des im Laufe der Zeit in einem Fluß zusammenkommt, muß man sich als Paddler oft genug befassen. Nach der Devise »Der Fluß trägt es fort« werden seit eh und je Dinge in die Gewässer geworfen, die man nicht mehr benötigt.
Auch *Brücken* z. B. halten nicht ewig. Sie stürzen ein oder werden durch Hochwasser weggeschwemmt. Ihre Reste liegen manchmal jahrzehntelang im Flußbett. Wie sich überhaupt in Brükkennähe häufig *Reste von Fundamenten,* Befestigungen und Pfosten finden. Solche Einbauten entstehen schon bei der Konstruktion und werden danach nicht mehr abgeräumt.
Aber auch die intakten *Einbauten,* z. B. die Pfeiler, stellen Hindernisse dar. Ihre Gefährlichkeit wird weit unterschätzt. In jedem Jahr gibt es Unfälle an Brückenpfeilern, darunter auch tödlich verlaufende. Oft stehen die Pfeiler im Hauptstromzug; der Paddler verkennt die Strömungssituation, er gerät quer an den Pfeiler, das Boot wird vom enormen Wasserdruck angepreßt und knickt um. Im ungünstigsten Fall wird der Kanute eingeklemmt und kommt so zu Tode.
Ähnliches gilt für freistehende Pfosten. Sie entstammen meist irgendwelchen Uferbefestigungen. Im Laufe der Zeit hat der Fluß aber die Verbauungen umspült und sein Ufer so versetzt, daß einzelne Pfosten übrig bleiben. Dies wird besonders kritisch, wenn sich solche Pfosten knapp an der Wasseroberfläche befinden.
Eine Variante sind einbetonierte Eisenpfosten, die im Laufe der Zeit vom Ufer losgelöst und dann mitsamt ihrem Betonfundament in das Flußbett eingeschwemmt werden.
Reste von Triftrechen oder alten Wehrkronen sind heute seltener anzutreffen.
Neueren Datums sind Sohlschwellen, meist aus Beton und quer über den Fluß laufend. Geborstener Beton, freigespülte Armiereisen oder – im intakten Zustand – der Rücklauf bilden hier die Gefahr für den Kanufahrer. Diese Schwellen sollen das Eintiefen des Flusses verhindern. Andere Einbauten wie z. B. die Geschiebesperren, oft mit siebartigen Löchern in der Betonwand, sollen Geröll und Steine zurückhalten.

Aktuelle Überraschungen ergeben sich durch *Hochwasser.* Eingeschwemmte Bäume, ja ganze Schwemmholzstöße bilden bedrohliche Fallen. Aber auch Lawinenkegel und durch Lawinen eingebrachtes Holz kann eine flotte Fahrt hemmen.

Abschließend noch ein Hinweis auf *Seile:* Querseile, bei Pegelanlagen, als Reste von Seilbrücken, Seilbahnen (vor allem Materialseilbahnen in engen Tälern) oder bei Kieswerken sind schwer auszumachen. Und sogar auf harmlosen Wiesen- und Wanderbächen kann man Seilhindernisse in Form von Stacheldrahtzäunen vorfinden.

Dieser Triftrechen steht heute unter Denkmalschutz (Traun, Österreich).

Schwemmholz bedingt ein Umhebemanöver.

Der Fluß als Deponie (Korsika).

Das Wildwasserfahren ist den alpinen Sportarten wie Tourenskilauf oder Klettern verwandt. Ähnlich ist der Gefahrengrad, der hier wie dort in der Natur der Sache liegt. Harmlos ist das Kajakfahren nicht, auch wenn man es ein Leben lang unfallfrei und sicher betreiben kann. Riskant wird es, wenn Gefahren nicht bewußt sind, wenn unfallbegünstigende Faktoren aufeinandertreffen. Dies ist der Fall bei einer Fehleinschätzung der Flußschwierigkeiten, bei Hochwasser, bei Fahrten im Bereich von Wehranlagen. Dazu kommen Einflüsse aus dem psychischen und physischen Bereich.

Die gebräuchlichsten Signale

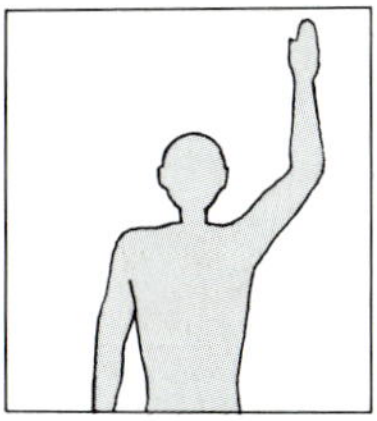

Arm heben

Achtung!

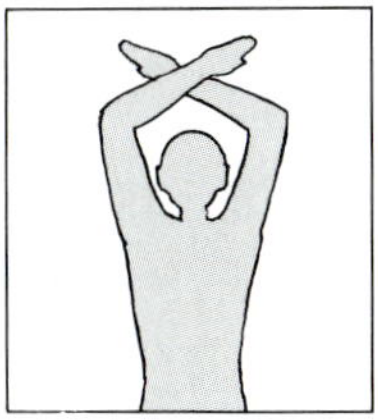

Arme über Kopf gekreuzt:

Unfahrbare Stelle!

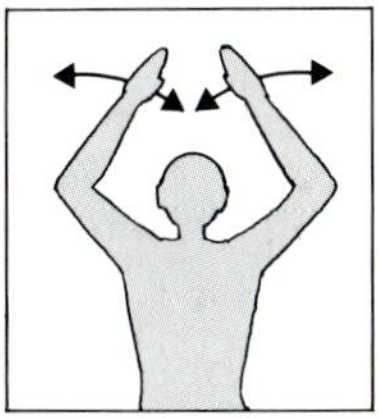

Beidarmiges Schwenken über Kopf:

Mann in Gefahr! Sofort helfen!

Im folgenden sind die *Hauptunfallarten* dargestellt. Solche unfalltypischen Konstellationen vorher zu erkennen, gleichsam zu erahnen, ist nicht leicht, aber es ist die beste Vorbeugung.

Die nächste Phase ist die des tatsächlichen oder des Beinahe-Unfalls. Sich hierbei richtig zu verhalten, kann durchaus die Schwere der Folgen mindern.

Daß perfekte Technik und hohes Können die meisten Unfälle erst gar nicht entstehen lassen, ist eine Binsenweisheit. Aber, wie im Straßenverkehr auch, ist niemand hundertprozentig. *Das Unfallrisiko ist also um so geringer, je besser der Könnensstand der jeweiligen Wildwassersituation entspricht.*

Realistischerweise wird also von Fällen ausgegangen, bei denen irgendein Fehlverhalten, sei es technischer oder persönlicher Art, mit im Spiel war.

Schwimmen im Rücksog von Wehren und Naturstufen

Kommt es zum Kentern und Schwimmen, so wird man instinktiv *vom Wehr wegschwimmen.* Das geht aber nur, wenn kein Rücksog vorhanden ist.

Bei Rücklauf hilft nur *abtauchen.*

◁ Engstelle in der Dürrach (Oberbayern).

Man schwimmt in diesem Fall sofort flußauf, also *zum Wehr:* Je mehr man in das herabstürzende Wasser gerät, desto tiefer kommt man nach unten und desto weiter wird man unter Wasser mitgezogen. Die Chance ist dann größer, aus dem Rücksogbereich zu gelangen.

Helfen, Retten

Nachstehende *Hilfsmöglichkeiten* bestehen *bei einer Zweiergruppe:*

1. Durch Zuwurf des Rettungssakkes ist schnelle Hilfe möglich. Das erfordert aber, daß der Werfer gut trifft und der Schwimmer das Seil bemerkt und ergreift.
2. Schwimmkörper einbringen. Das kann ein angeleintes Boot oder eine Schwimmweste sein. Ein Boot kann man fallweise über die Wehrkrone genauer eintreiben lassen. Hierbei jedoch auf den Schwimmer achten.
   An manchen Wehren hängen Rettungsringe!
3. Heranfahren mit dem Boot vom Unterwasser her. Dabei kann man die Bootsspitze als Halt anbieten. Da dies auch für den Retter gefährlich ist, muß hier größte Vorsicht walten. Es geht also nur bei mäßigem Rücklauf (bis höchstens 2 m).
4. Warten bzw. Abfangen des abtreibenden Schwimmers. Das bleibt als Möglichkeit bei einem bereits Bewußtlosen. Das Abfangen geschieht mittels Bergeleine.

Bei drei Fahrern ergeben sich *weitere Möglichkeiten:*

5. Hilfe durch Bootskette.
   Hier kann man bis zu 3 m Rücklauf überwinden. Es müssen zwei Boote bereits im Unterwasser sein.
   Der erste, der also dem Schwimmer am nächsten ist, hält sich an der Spitze des sich im ablaufenden Wasser befindenden Kajaks fest. Diese Variante wird durch die Bergeleine erheblich verbessert. Der untere Fahrer klinkt die Leine ein. Dadurch können sogar beide Helfer mitpaddeln.
6. Die gleiche Hilfsmethode wie unter 3., jedoch mit gesichertem Boot und drittem Mann am Ufer.
7. Der Helfer schwimmt selbst ein. Er sichert sich über ein Seil zu seinem Kameraden am Ufer.
8. Seilüberspannung. Dabei kommt man sehr gut zum Schwimmer. Diese – langwierige – Hilfsaktion ist nur angebracht, wenn der Verunglückte noch reaktionsfähig und der Fluß nicht zu breit ist.

Sicherheit beim Schwimmen

Genausoviele tödliche Unfälle wie an Wehren ereignen sich beim Schwimmen auf freier Flußstrecke. Ein Kentern in einem raschströmenden Fluß ist immer auch ein Beinahe-Unfall. Die Strömung reißt mit, die Orientierung ist aus der Schwimmperspektive schwierig. Richtiges Schwimmen im Wildwasser sollte daher stets geübt werden.

Man schwimmt richtig:

- Mit Schwimmweste.
- In steilen, flachen und gestuften Bächen mit den Füßen voraus. Steinberührungen federt man mit den Beinen ab. Keineswegs versucht man sich aufzustellen. Allzuleicht bleibt man mit dem Fuß in einem Steinspalt hängen.
- Bei Starkwasserflüssen seitlich zum Ufer. Sich für *ein* Ufer entscheiden und diesen Entschluß nicht ändern, wenn einen die Strömung kurzzeitig versetzt.
- Nur solange am Boot bleiben, bis man einigermaßen Luft hat.

Man schwimmt möglichst flach und federt mit den Füßen eventuelle Stöße ab.

Nicht das Boot um jeden Preis zu bergen versuchen.

- Schwimmt ein anderer Bootfahrer, hilft man, indem man möglicherweise eine Bootsspitze als Halt anbietet. Ist der Schwimmer benommen oder bereits bewußtlos, kann nur mit der Bergeleine geholfen werden.

Schwimmen üben

Nur wenige Bootfahrer sind gute Schwimmer. Dabei ist *kräftiges und ausdauerndes Schwimmen bei einer Kenterung lebensrettend!* Nur zu häufig werden Flußstrecken gefahren, die schwimmend nicht mehr bewältigt würden. Der Gekenterte wird zum Spielball der Strömung. Zwar gibt die Schwimmweste Auftrieb, aber vor Preß- oder Saugströmungen kann sie nicht schützen.

Heute lernen viele Kanuten gleich in der Anfangszeit die Eskimorolle. Damit, so glauben sie, haben sie gleichsam eine Versicherung gegen eventuelle Schwimmunfälle. Ein Schwimmtraining wird für überflüssig gehalten. Diese Einschätzung kann zum Verhängnis werden.

Es ist deshalb dringend zu empfehlen, bei Saisonbeginn Schwimmübungen durchzuführen. Mit den Neoprenanzügen ist das auch bei kühlerem Wasser gut möglich. Nebenbei machen solche Übungen ausgesprochen Spaß.

1

2

1–3 Der Kanute durchfährt diese Blockstelle zu passiv. Statt zu paddeln oder wenigstens zu stützen, hält er das Paddel flach und bringt es unter die rechte seitliche Deckströmung. Er kann somit nicht mehr ausstützen und zieht sich selbst ins Wasser.

5

6

3

4

4–5 Die sichernden Begleiter reagieren perfekt: Erst nach erfolgtem Ausstieg und Blickkontakt kommt das Hilfsseil.

6–8 Der Wurf trifft exakt. Die Schwimmstrecke ist abgekürzt, die Materialbergung erleichtert (Rissbach, Österreich).

7

8

In der Strömung

Man übt realistischerweise im *fließenden Wasser,* aber an *harmlosen Stellen.* Die geeignetste Schwimmtechnik ist das Kraulschwimmen. Damit kommt man am leichtesten in eine flache Schwimmlage. Je flacher die Körperlage ist, desto widerstandsärmer schwimmt man und desto weniger schlägt man sich die Füße an.

Gutes Kraulschwimmen ist, wenn:

- Mit den Armen das Wasser in S-Form durchzogen wird; die Hände sind schaufelartig geschlossen und »fassen« das Wasser.
- Der Oberkörper um die Längsachse »mitrollt«.
- Sich die Beine kraftvoll auf und ab bewegen; diese Bewegung dient vornehmlich der Stabilisierung der flachen Schwimmlage.
- Das Atmen auf die Armbewegung abgestimmt ist.

Taktisch schwimmen, d. h. sich ganz bestimmte Aufgaben vornehmen, wie z. B.:

- Eine Flußquerung nach Art der Seilfähre (siehe Seite 51).
- Einschwimmen in die Strömung und wieder ausschwimmen, möglichst hinter einem Block oder Pfeiler.
- Diese Übungen bis hin zu sehr reißender Strömung steigern.
- In realistischer Ausrüstung, also mit Neoprenanzug und Schwimmweste, üben.
- Die gleichen Übungen aber auch ohne Schwimmweste probieren.
- Ebenso an Strudeln trainieren (natürlich mit größter Vorsicht!) und probehalber auch die Weste abwerfen. Solche Übungsstellen sind vorher sehr genau zu untersuchen; insbesondere ist auf Pfosten, Eisen oder Drähte zu achten.
- Nie allein üben!

Tauchen

Gelegentlich hört man beim Kanufahren den Begriff *Abtauchen.* Gemeint ist das Abtauchen in Rückströmungen und bei Unterspülungen. Da gegen die Strömung praktisch nicht geschwommen oder getaucht werden kann, ist dieses Abtauchen nur ein bewußtes Sich-Mitziehen-Lassen mit der nach unten gerichteten Strömung. Dazu gehört nicht nur das Wissen um die Strömungsverhältnisse (siehe Seite 14), sondern auch die Fähigkeit, eine gewisse Zeitlang tauchen zu können.

Deshalb sollte nicht nur das Strömungsschwimmen, sondern auch das Strömungstauchen trainiert werden. Harmlose Übungsstellen findet man oft bei Brücken und Floßgassen. Man sollte dabei übrigens die Augen offen halten. Durch solche hautnahen Übungen wird man sehr schnell mit den Kräften des Wassers vertraut.

Wiederbelebung

Zur gelungenen Rettung gehört die erfolgreiche Reanimation. *Der Tod durch Ertrinken ist bei rascher und richtig durchgeführter Hilfe oft vermeidbar.* Bei Kanuten begünstigen dies noch zwei Faktoren:

- Es handelt sich meist um junge, gesunde Personen.
- Durch Unterkühlung wird der Stoffwechsel lebenswichtiger Organe gedrosselt, so daß eine Wiederbelebung in Extremfällen auch noch nach über 20 Minuten erfolgreich sein kann.

Daraus folgt, daß die *Wiederbelebung stets versucht* werden muß, solange noch keine Leichenstarre eingetreten ist oder der Atemstillstand nicht länger als eine Stunde andauert.

Beim Ertrinken setzt zuerst die Atmung aus. Ein Herzstillstand folgt oft erst nach Minuten. Sollte bei rascher Rettung noch ein Puls tastbar sein, obwohl Atemstillstand vorliegt, reichen einige Mund-zu-Mund-Beatmungen aus, um eine Spontanatmung hervorzurufen.

Nach der Rettung ist unverzüglich folgendes zu tun:

1. *Kontrolle der Vitalfunktionen.*
   - Atmung ja/nein. (Prüfung: Eigenen Augapfel über Mund des Verunglückten halten.)
   - Pulskontrolle an der Halsschlagader (neben Kehlkopf).

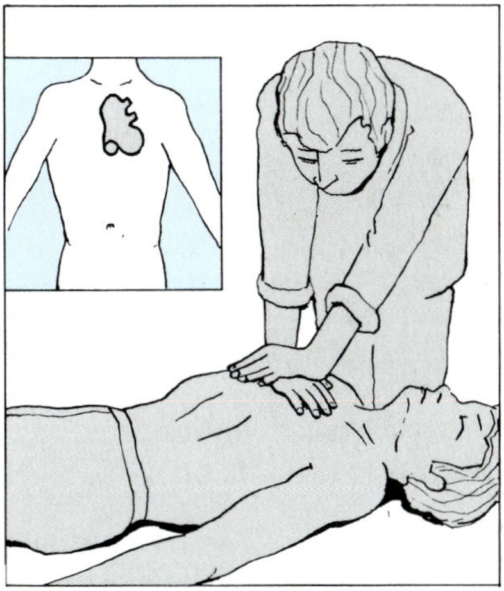

Vorher Schwimmweste öffnen! Ca. 5 cm oberhalb der Brustbeinspitze soll das Brustbein mit übereinandergelegten Handballen und gestreckten Armen 5 cm tief niedergedrückt werden. Abwechselnd Beatmung und Herzmassage im Verhältnis 2:10, wenn zwei Helfer da sind im Verhältnis 1:5. Von Zeit zu Zeit kurze Kontrolle, ob die Vitalfunktionen bereits von selbst erfolgen. Die Wiederbelebung sollte bis zu einer Stunde durchgeführt und darf bis zum Eintreffen des Notarztes nicht unterbrochen werden.

Bei erhaltenen Vitalfunktionen und Bewußtlosigkeit: stabile Seitenlage, damit Erbrochenes abfließen kann; Notarzt alarmieren.

2. *Atemwege mit dem Finger freimachen.*
   Erbrochenes, Zahnprothesen, Schlamm etc. müssen unbedingt aus der Mundhöhle entfernt werden, da es sonst zum sicheren Erstickungstod kommt.

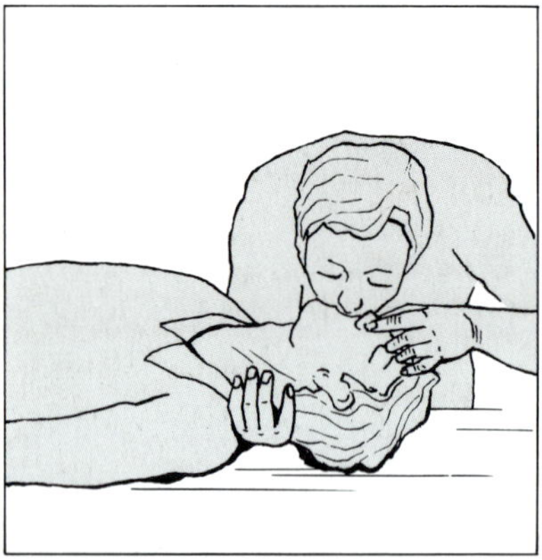

Kopf überstrecken. Eine Hand hält die Nase zu, die andere Hand liegt im Nakken und hält den Kopf in Überstrekkung. Einige Male nacheinander die eigene Atemluft in den Mund des Verunglückten blasen. Dabei muß sich der Brustkorb heben und senken. Erneute Puls- und Atemkontrolle.

»Auskippen« von Wasser aus der Lunge bringt nichts außer Zeitverlust.

3. *Beatmen.*
4. *Bei Pulslosigkeit Herzmassage.*
5. *Sofort ins Krankenhaus.*
   Jeder Wiederbelebte muß ins Krankenhaus, auch wenn er sich subjektiv wohlfühlt. Er ist durch eventuelles plötzliches Auftreten von Herzrhythmusstörungen, Lungenödem oder Lungenentzündung gefährdet.

Rettung mit Bergeleine

In einem übersichtlichen, freien Flußabschnitt muß so an den Treibenden herangefahren werden, daß dieser *rechts* des Bootes (bei Rechtshändern!) zu liegen kommt.

- Die Bergeleine darf nur bei Bewußtlosen eingesetzt werden!
- Nicht bei starker Verblokkung bergen!
- Mit diesem Hilfsmittel ausgiebig trainieren!

Dann wird der *Karabiner eingeklinkt.* Das Paddel klemmt man kurz unter die Achsel und gebraucht beide Hände.
Der Treibende sollte eine moderne *Gurtweste oder* einen *Gurt* anhaben. Fehlt dies, so wird im Schulterträger der Schwimmweste eingeklinkt.
Dann fährt man mittels *Seilfähre* zu einem günstigen Platz und beginnt unverzüglich mit der *Reanimation.*

Training

Der *Umgang mit Bergeleine, Wurfsack und Flaschenzug* will *trainiert* sein. Nur wenn man mit diesen Dingen problemlos und sicher umgehen kann, ist man im Ernstfall in der Lage, effektiv und schnell zu agieren. Deshalb:

- Zwanglos in den Fahrpausen üben.
- Auch das Abschleppen eines leeren Bootes üben.
- Wenn ein williger Freund zur Verfügung steht, kann man sich gegenseitig »bergen«.
- Zielwürfe mit dem Seil machen, und auch mal Nachwürfe üben.
- Gelegentliches Schwimmen im Schwall ist äußerst wichtig.

Bergeleine am Boot. Die Paniköffnung erfolgt im Rücken des Fahrers.

Die Bergeleine am Brustgurt ermöglicht ein freies Pendeln des Opfers um das Heck. Die Paniköffnung wird über die Hauptschnalle des Brustgurtes ausgelöst. Die Weste bleibt danach weiter am Retter (siehe auch Foto Seite 37).

Die drei wichtigsten Knoten

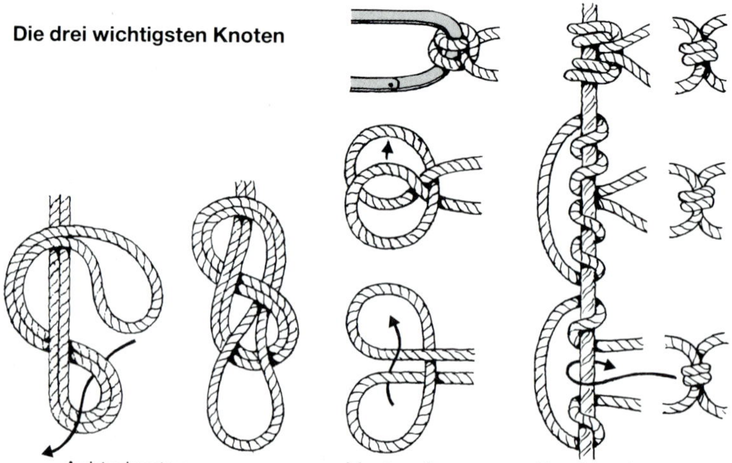

Achterknoten Vielseitig verwendbar für Seilschlingen, zum Verbinden zweier Seile und als Befestigungsknoten. Auch naß leicht lösbar.

Mastwurf Dieser Klemmknoten hält bei Zug nach jeder Richtung. Er dient als Karabinerfixierung im Seil (Flaschenzug) und als Befestigung an Bäumen. Nach Entlastung ist er leicht zu öffnen. Vor Belastung muß der Knoten fest angezogen werden.

Prusikknoten Beidseitig verschiebbarer und belastbarer Klemmknoten. Besonders geeignet für Flaschenzüge. Wichtig ist, daß das Prusikknotenseil wesentlich dünner ist als das Hauptseil.

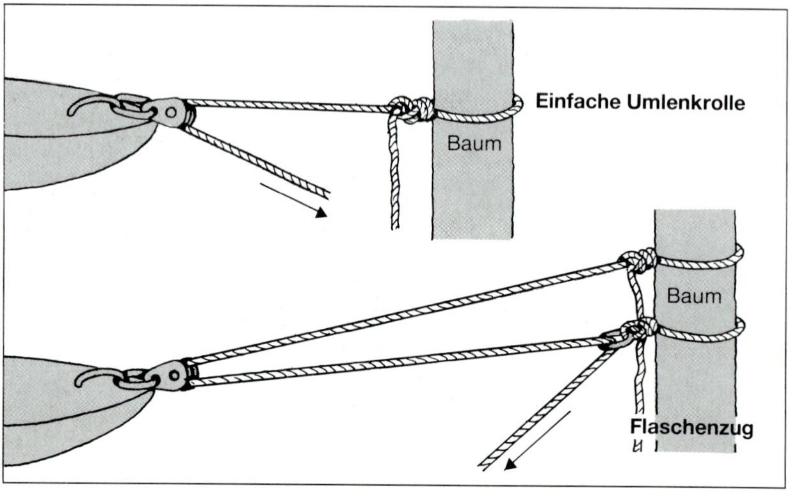

Sicherheit bei Klemm- oder Steckunfällen

Seltener als die ersten beiden Unfallarten - aber eben doch - gibt es Situationen, bei denen man an ein Hindernis gepreßt wird oder quer zwischen zwei Hindernissen stekken bleibt. Bei Gefällstufen kann sich die Bootsspitze vorne festsetzen. In diesen Fällen kann das Aussteigen erschwert oder unmöglich sein.

Wie hilft man?

Bei Steckunfällen muß man als erstes darauf achten, *die Situation nicht zu verschlechtern,* indem z. B. das Boot abkippt und man dann unter Wasser gerät. Ist Kameradenhilfe nicht zu erwarten, steigt man so aus, daß beide Knie gleichzeitig aus dem Boot genommen werden. Dies ist bei Wasserdruck im Rükken sehr wichtig. Nur so vermeidet man ein Hängenbleiben im Süllrand. Klemmt man zwischen Felsen, so kann man sich evtl. über Grund abstützen oder gar freischieben.

Hilfe durch andere muß immer das Ziel haben, den Verunglückten so zu sichern, daß er atmen kann - also über Wasser bleibt - und daß sich die Situation nicht verschlimmert. Danach kann man gezielt an die Bootsbergung oder -befreiung herangehen. Fast immer braucht man dazu Seil, Karabiner oder Haken. Das Freiziehen des Bootes ist nicht immer ganz leicht, die Zugrichtung oft kaum erreichbar. Manchmal wird man mit Umlenkungen oder Flaschenzug arbeiten müssen.

Enge und steckgefährliche Stufe auf dem Travo (Korsika).

Ähnlich der Bergführer-Literatur gibt es eine ganze Reihe Flußführer von guter Qualität und hoher Verwendbarkeit. Da Flüsse aber lebendiger als Berge sind, bleiben die entsprechenden *Führer nur kurze Zeit aktuell.* Sie sollten daher grundsätzlich nicht zu genau genommen werden.

Plötzliche Veränderungen wie erodierende Hänge, einrutschendes Gehölz, Murenabgänge, Lawinen und Lawinenreste selbst im Spätsommer, Bauarbeiten, Wehreinbauten und besonders schwankende Wasserstände lassen das Erstellen eines länger verbindlichen Flußführers nicht zu. Man muß sich also mit allgemeinen Angaben begnügen und *stets mit Unvorhergesehenem* rechnen.

Einige allgemein gebräuchliche Zeichen.

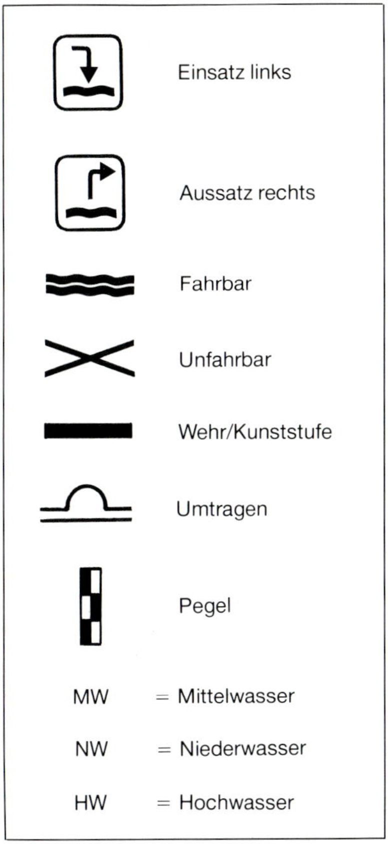

Bei zweifelhaften Flußsituationen sollte man dem Flußführer ein gesundes Mißtrauen entgegenbringen und lieber einmal zuviel als einmal zuwenig selbst die Lage erkunden.

Die generellen Angaben wie Befahrbarkeit, lohnende Etappen, ungefähre Klassifizierung, Zufahrt usw. sind aber so nützlich, daß sich die Anschaffung eines guten Führers auf jeden Fall schnell bezahlt macht.

Ein guter Führer:

- Beschränkt sich auf eine kurze Skizzierung des jeweiligen Flußcharakters.
- Weist auf besondere Gefahrenstellen hin.

◁ Die Ötztaler Ache mit ihren vielen Etappen ist der interessanteste Fluß Tirols.

- Gibt Hinweise auf günstige Ein- und Aussatzpunkte.
- Ebenso auf jahreszeitentypische Wasserstände.
- Verwendet wenig Abkürzungen, wenig, aber leicht verständliche Zeichen.
- Bewertet bei Mittelwasser (MW) und nach korrektem Maßstab (neuere ICF-Norm).
- Bezieht jede Bewertung auf einen präzisen Pegelstand.
- Macht Angaben zum Gefälle einzelner Abschnitte.

Übersichtliche und schnelle Information. Ein guter Flußführer lohnt sich.

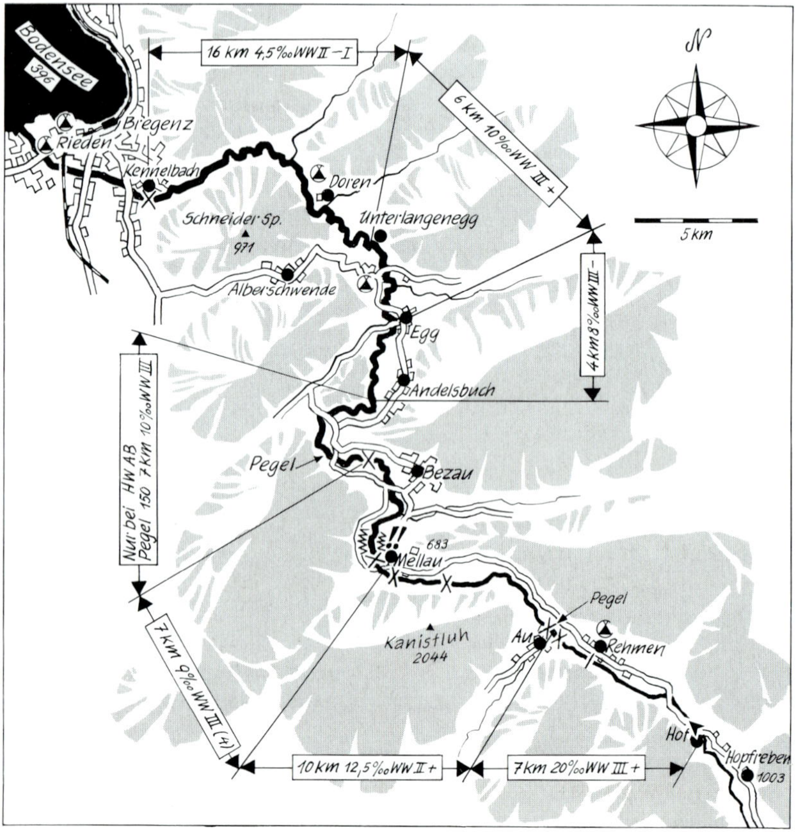

Wie schon erwähnt, sind die meisten unserer Flüsse nicht mehr »Natur«. Mögen manchmal die Ufer auch natürlich aussehen, der Wasserstand und der Wasserzustand sind es meist nicht. Es nützt nichts, wenn man auf einigen Kilometern die Ufer unverbaut – quasi natürlich – beläßt, dafür aber im Oberlauf Wasser abnimmt, es in Rohren verschickt und damit dem Naturhaushalt entzieht. Der Fluß lebt nicht nur durch sein Wasser und das damit transportierte Geschiebe und die mitgeführten Nährstoffe, er lebt auch durch die Wechselwirkung von Hoch- und Niederwasser, von Überschwemmungen und Trockenzeiten. Nur so kann sich der Fluß in seinem Tal bewegen, kann *»reifen«*. Jede Unterbrechung dieser natürlichen Kette ist ein schwerwiegender Eingriff in das gesamte ökologische Gefüge des Tales und oft darüber hinaus.
Daß Flüsse amputiert, zerstört und schließlich zu Tode gebracht werden, ist bekannt. Nicht bekannt und nur Fachleuten bewußt sind die *Folgen und Nachwirkungen solchen Raubbaus.* Grundwasserabsenkungen machen sich in der Landschaft nur langsam bemerkbar, und es dauert Jahrzehnte, bis die Auswirkungen zu erkennen sind. Der Niedergang der Auwälder mit ihrer fluß- und grundwasserbezogenen Flora wird früher erkennbar. Im Zeitraum nur einer Generation wird die Verarmung der Landschaft deutlich. Das Aussterben vieler Kleintier- und der Verlust mancher Vogelarten stehen hier in direktem Zusammenhang. Das Ausbleiben von Überschwemmungen und das Fehlen von angeschwemmtem Material trägt weiter zur Verödung bei. Die nahezu völlige Vernichtung von Rückhalteflächen bei Hochwasser führte und führt immer wieder zu einem beschleunigten Wasserabfluß und damit zu abnorm hohen Hochwasserständen und im Zusammenwirken damit zu einer zunehmenden Eintiefung des Flusses. Dies wiederum bewirkt erneute Grundwasserabsenkung. Weitere negative Maßnahmen wie Kanalisierung, Auffüllen von Altwässern und die schon jahrhundertealte Ausräumung der Flußbetten addieren sich zu Dauerschäden, deren volles Ausmaß nicht abzusehen ist.
Daß der Mensch, seine Technikgläubigkeit und sein Drang, alles beherrschen zu wollen, es soweit gebracht hat, ist bedauerlich. Ändern kann man es wohl nicht. Der Prozeß kann höchstens verlangsamt oder aufgehalten werden. Wir Kanufahrer sollten uns daher auf die naturerhaltende Seite stellen und alles tun, um ein Fortschreiten der Landschaftszerstörung zu verhindern.

Wildwasserfahren und Naturgebrauch

Jeder Aufenthalt im freien Gelände ist eine Art Naturgebrauch, eine Naturbenützung. Das gilt für Skifahrer und Alpinisten, für Surfer und Golfer ebenso wie für Kanuten. Und es wundert nicht, daß in jüngerer Zeit verstärkt Attacken gegen diese Natursportarten geführt werden. Dabei ist z. B. das Kanufahren ein derart winziger Störfaktor für einen Wildfluß, daß eigentlich niemand ernsthaft von einer Naturbeeinträchtigung sprechen kann. Jeder einzelne betonierte Flußkilometer jedoch verursacht mehr Schäden als 10000 spur- und geräuschlos dahingleitende Kanufahrer.

Dennoch gibt es Bereiche, in denen auch *Bootfahrer für die Natur noch mehr tun* können.

Das beginnt bereits bei der *Anreise.* Bleifrei und mit Katalysator-Autos zu fahren, wird sicher bald Allgemeingut. Noch umweltfreundlicher fährt man mit drei oder vier Leuten in einem Wagen. Und am Ort und bei kurzer Anreise gibt es vereinzelt schon den Bootstransport per Fahrrad.

Die *Zufahrt zum Fluß* und das *Parken* sind der nächste Punkt. Man muß nicht unbedingt so nahe heranfahren, bis die Vorderräder im Wasser stehen. Wegraine, Freiwiesen und schattige Waldränder sind *keine* Parkplätze. Auch bei kleinen Ortschaften sollte man auf die Bewohner Rücksicht nehmen. Das Zuparken von Einfahrten und engen Straßen (von den Anwohnern allsonntäglich zu erdulden) fördert nicht gerade das Wohlwollen für die Wildwasserfahrer. Und daß *Sperrzeichen* bei Forstwegen auch für Paddler gelten, sei hier noch einmal erwähnt. Überhaupt scheint der Zufahrtverkehr die Anwohner am meisten zu belästigen.

Wenn die Boote dann zum Einsatzpunkt getragen – nicht geschleift! – werden, so kann man auch *uferschonend einsetzen.* Es gibt Beispiele dafür, daß selbst große Fahrtengruppen ihre Boote so ins Wasser bringen können, daß anschließend nicht die geringste Spur von Pflanzen- oder Uferbeschädigung auszumachen ist. Andererseits schaffen es einige wenige Unbedachte, ganze Uferteile abzutreten. Hier könnte – im kleinen Kreis und besonders in Vereinen – noch viel für ein verbessertes Umweltbewußtsein getan werden.

Während der Fahrt gibt es auf Wildflüssen praktisch keine negativen Aspekte. Schilf- oder Uferzonen mit schützenswertem Bewuchs sind auf Wildflüssen kaum vertreten. Wildbäche haben keine klare Wasserlinie. Der bewuchsfreie Streifen zwischen Wasserspiegel und Dauerbewuchs beträgt ja manchmal mehrere Meter.

Das einzig nennenswerte Problem, das der Natur durch das Paddeln

◁ Die Albula (Schweiz), fließt längst nicht mehr natürlich. Kraftwerke und Stollen ruinieren auch diese Idylle.

erwächst, ist das *Fahren während der Brutzeit* bestimmter Vogelarten. Und dies trifft eher die Bereiche des Wanderfahrens. Deshalb kam es an gewissen Flüssen zu Befahrungsregelungen, die auf die Brutzeiten gefährdeter Arten Rücksicht nehmen. Auf den regelmäßig frequentierten Wildflüssen gibt es bislang keine negativen Erfahrungen. Das Passieren eines Paddlers dauert nur kurz und erfolgt meist in ausreichender Distanz, so daß brütende Vögel erst gar nicht auffliegen. Und wenn doch, so können sie rasch zurückkehren.
Auf einigen wenigen Flüssen mit großen Kiesinseln kommen Flußregenpfeifer vor. Sie haben ihr Gelege im Kiesbett. Auf der Isar z. B. gibt es Hinweistafeln, die auf die entsprechenden Stellen und Brutzeiten aufmerksam machen. Die tatsächliche Bedrohung dieser Brutplätze entsteht aber nicht durch die Kanuten, sondern durch den zunehmenden Badebetrieb.

Zelten

Der nächste Konfliktpunkt ist wieder nicht das eigentliche Bootfahren, sondern das wilde Zelten. In den Weiten Canadas auf vermeintlich herrenlosem Grund mag das noch möglich sein, bei der dichten Besiedelung hierzulande wird es über kurz oder lang zum Ärgernis. Die Pseudo-Romantik, bei der man einerseits uriges Indianerleben zelebriert, andererseits aber mit dem Auto möglichst bis zum ersten Zelthering vorfährt, ist voller Widersprüche. Fest steht, daß diese Art Lagerleben, das sich meist an den gleichen Plätzen abspielt, nicht ohne Folgen bleibt. An manchen Stellen wird zu Schwarzcampern gleich die Polizei geschickt. Wenn die Paddler aber zur Belästigung werden, so ist das sicher kein Gewinn für den Kanusport.

Fischerei

Angler fühlen sich oft durch Kanufahrer gestört, Fische nicht. In Deutschland, Österreich und Italien gibt es keine Probleme. In der Schweiz und in Frankreich ist das anders. Dort verfügen die Fischer über eine starke Lobby, die mancherorts Sperrzeiten durchgesetzt hat.
Tatsache ist, daß Fischbestand und Fischerei durch den Kanusport *nicht beeinträchtigt* werden.

Gottlob gibt es beim Wildwasser noch keine Vorfahrtsregeln und (fast) keine Unfälle durch Zusammenstöße. Je dichter aber der Verkehr auf häufig befahrenen Strekken wird, desto eher werden sich gewisse *Regeln* einbürgern.
Grundsätzlich sollte nur auf Sicht gefahren werden. D.h. liegt ein anderer Kanute quer und blockiert die Durchfahrt, so besteht Warte- bzw. Ausweichpflicht. Kann man nicht mehr anhalten, ist das ein Zeichen dafür, daß mit zu geringem Abstand gefahren wurde.
Wird an einer Stelle trainiert und andere Kanuten wollen passieren, müssen die Übenden warten.

Führungsverantwortung

Häufig diskutiert wird die Haftungsfrage bei Wildwassertouren. Wie bei geführten Bergtouren kommt hier dem Führer besondere Verantwortung zu. Er muß die Tour vom Schwierigkeitsgrad her so einschätzen, daß sie mit dem Können des Geführten in Einklang steht. Auf *erhöhte Risiken* wie Hochwasser, unfahrbare Stellen, Wehre etc. muß er *rechtzeitig* aufmerksam machen und entsprechende Anweisungen geben. Dies gilt für kommerziell geführte Touren ebenso wie für geführte Vereinsfahrten. Erwachsenen haben automatisch eine Führungsverantwortung gegenüber Minderjährigen.

Ähnliches gilt – und hier wird es schwierig – auch bei erkennbar Führenden gegenüber ihren erkennbar weniger Informierten bzw. schwächeren Mitfahrern. In der Praxis kann das so aussehen, daß z.B. bei einer Dreiergruppe einem Flußkundigen gegenüber seinen beiden Mitfahrern eine Führungsverantwortung zuwächst. Fährt er mit ihnen bis kurz vor eine schwere Passage, ohne sie rechtzeitig zu warnen, und verunglückt daraufhin jemand, so ist ein Mitverschulden des Flußkundigen und quasi Führenden denkbar.
Bei Unfällen besteht – selbstverständlich – die Pflicht zur sofortigen Hilfeleistung. Dies gilt nicht bei Sachschäden.

Zugang zum Fluß

Probleme gibt es immer wieder mit privaten Grundeigentümern. Einerseits ist der freie Zugang zu Gewässern in den meisten Länderverfassungen verankert, andererseits besteht oft nur die Möglichkeit, über *Privatgrund* zum Fluß zu kommen. Bei solchen Fällen ist eine vorherige Abklärung bzw. *Erlaubniseinholung* zu empfehlen.
Keinesfalls sollte man – wie leider oft, insbesondere bei Gruppenfahrten, zu beobachten ist – auf breiter Front die Boote hinterherschleifend hochstehendes Gras niederwalzen.

Kurzboot

Mehr als ein kurzlebiger Gag ist die amüsanteste Variante des Wildwasserkajaks: das Kurzboot. Auf beinahe *halbierter Bootslänge* (bis 2,20 m sind die kürzesten) kommen Könner auf den entsprechenden Bächen zu doppeltem Spaß.

Mit diesen Dingern erwischt man kleinste Kehrwasser, spielt sich noch durch die engsten Spalten, baut »Kerzen« und dreht, im wahrsten Sinne des Wortes, die tollsten Kapriolen.

Daß mittlerweile auch Extremstellen damit souverän gemeistert wurden zeigt, daß der Einsatzbereich sehr groß ist. Die Handlichkeit beim Transport und bei der Aufbewahrung hat die Verbreitung noch gefördert.

Aber es gibt natürlich Bereiche, bei denen diese Boote auch Nachteile haben. Sie sind langsam, und in Stufen mit Rücklauf werden sie eher festgehalten.

Der Vorteil der Kurzen: Auf kleinen Flüssen lustiger, in Engstellen sicherer.

◁ Klar, kühl und rassig: Die Verzasca im Tessin.

Akro-Kajak

Halb Kajaktraining, halb Kür ist eine Variante des Kanusports, die man als Akro-Kajak bezeichnet. *Akro* steht für *Akrobatik* und das heißt, daß hier allerlei Kunststücke vollbracht werden.
Meist »spielt« man an einer Stelle, baut »Kerzen«, dreht Pirouetten und Schrauben, probt Saltos. Ähnliches probiert man in hohen Brandungswellen.
Es entsteht eine Mischung aus-Bootfahren und Wellensurfen. In küstenreichen Ländern (z. B. England) gibt es dafür besonders geeignete Boote. Ihre Spitze ist stärker aufgebogen, um ein Einbohren in den Sand zu vermeiden.

Canadier

Diese Boote stammen, wie schon der Name sagt, aus Canada bzw. Nordamerika. Ihr Haupteinsatzgebiet waren ursprünglich die vielen Seensysteme Nordamerikas, die durch Flüsse miteinander verbunden sind. Früher waren große Gebiete nur über diese Wasserwege zugänglich. Die Boote dienten zum Personen- und Lastenverkehr, zur Jagd, zum Fischfang und zu Entdeckungsfahrten. Und in einigen Landesteilen ist das heute noch so. Aus dieser Vielzweckanforderung hat sich die jetzige Bootsgestalt entwickelt. Sie ist, kurz gesagt, *lang, breit* und *flach.* Dementsprechend *fassen* die Boote *viel Gepäck,* bieten *bequeme Sitzbänke* und verfügen über *stabile, sichere Fahreigenschaften.* So sind sie geradezu prädestiniert für *zwei und mehr Personen* und für *Familien mit Kindern.*
Die breite Bootsform und die ursprünglich hohen Bordwände ließen ein Doppelpaddel nicht zu. Man benützt daher bis heute ein *Stechpaddel.* Allerdings sind viele Canadier, besonders die für Wildwasser geeigneten, im Laufe der Zeit immer schmäler geworden, so daß man sie eigentlich mit einem normalen Doppelpaddel betreiben könnte. Und natürlich entfällt bei einem WW-Canadier auch der Lastentransport.

Canadierfahren in Europa

In unseren Breiten wird der Canadier hauptsächlich als *Sportboot* benützt. Die wochenlangen Touren in freier, weiter Natur sind bei uns nicht möglich, so daß diese Boote meist für Tages- und seltener für Mehrtagestouren verwendet werden.
Der Einsatzbereich – Seen, ruhige Flüsse oder leichtes Wildwasser – ist jedoch gleich geblieben. So ist auch erklärlich, daß die meisten Canadier *offen,* also ohne Spritzdecke, gefahren werden. Man will geruhsam dahingleiten; Geschwindigkeit und Wendigkeit sind nicht

so wichtig. Wildwasserähnliche Passagen werden nicht gesucht, sondern oft nur deswegen gefahren, weil man die Umtragung scheut.
Nur wenige Canadier-Liebhaber fahren ambitioniert Wildwasser. Sie verwenden dann meist Boote, die aus dem Rennsport kommen. Diese Boote werden dann grundsätzlich *geschlossen,* also mit Spritzdecke, gefahren.

Technik

Das Stechpaddel erfordert eine besondere Paddeltechnik. Es wird *nur auf einer Seite* und dann *mit wesentlich steilerer Paddelhaltung* gepaddelt. *Im Sitzen* erfolgt die Bedienung von der Bank aus.
Bei anspruchsvolleren Passagen und bei schwierigeren Manövern paddelt man *im Knien.* In der knieenden Haltung hat man eine direktere Bootsführung und eine größere Paddelreichweite. Im Sportboot wird nur gekniet.
Auch beim Canadier kommt es besonders auf den präzisen Sitz und den direkten Bootskontakt an.

Paddelhaltung

Das Paddel wird am Knauf und Schaft gefaßt. Mit dem *Knauf steuert* man das Paddel. Die untere Hand umfaßt den Schaft locker und greift nur in der Zugphase fest zu. Der untere Arm bleibt weitgehend gestreckt. Die Kraft entwickelt man vor allem aus den *Schultern,* nicht aus den Armen oder Händen. Beim einzelnen Paddelschlag verteilt man die Kraft auf den Druck- (den oberen) und Zugarm.

Beide Knie und das Gesäß bilden ein Dreieck. Die Paddelkräfte lassen sich dadurch am besten aufs Boot übertragen. Die Füße bieten eine weitere Abstützung.

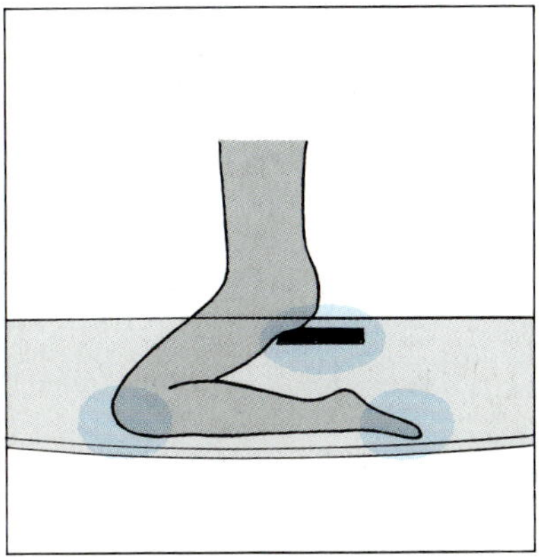

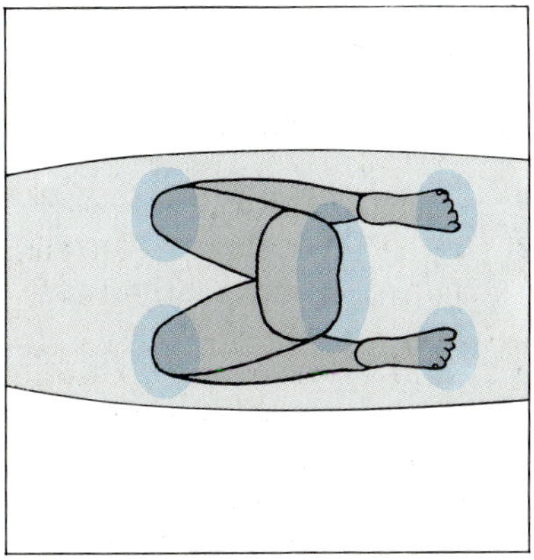

Im Einer-Canadier wird kniend gepaddelt. Deutlich erkennbar ist die erhöhte Sitzposition.

Canadierfahren in Canada, dem Ursprungsland dieser Bootsphilosophie.

Jeder Provence-Fahrer kennt die »Durance-Walze« bei Chateauroux.

Die Boote

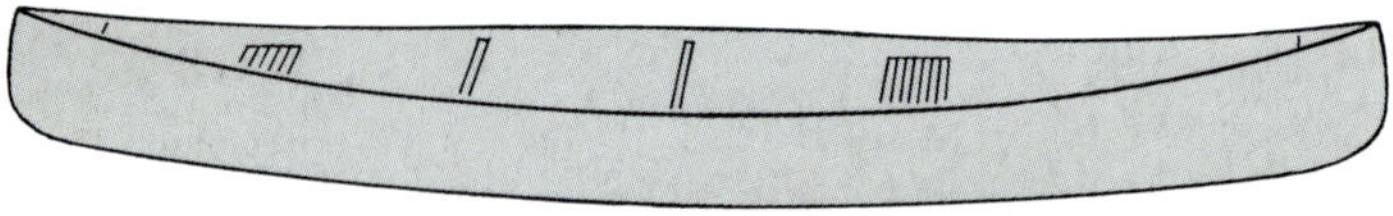

Zweier-Canadier
Länge um 5 m
Breite ca. 90 cm
Gewicht ca. 35 kg

Diese Boote sind am gebräuchlichsten. Es gibt sie in verschiedenen Kunststoffqualitäten, in Aluminium, Holz, Gummi (dann aufblasbar) und als Faltboot.
Viele Hersteller bieten auch Spritzdecken als Zubehör an.

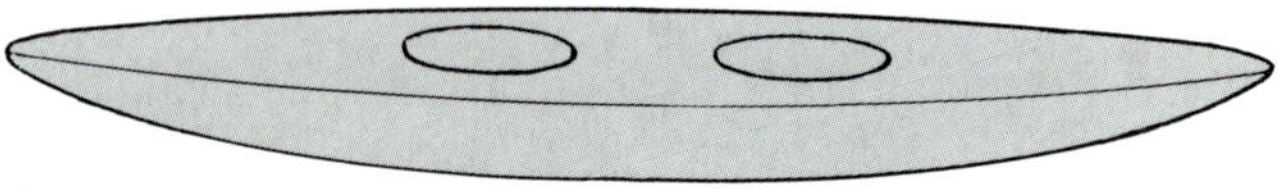

C 2 WW-Slalom

Länge 4,60 m
Breite 80 cm
Gewicht ca. 20 kg

C 2 WW-Rennsport

5 m
80 cm
ca. 20 kg

C 2 WW-Allround

4,60 m
80 cm
ca. 30 kg

Die C 2-Boote gibt es als Rennsport-, als Slalom- und als Tourensport-Ausführung. Als Material findet nur GfK Verwendung.

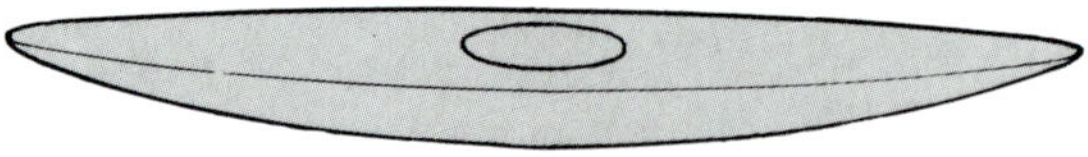

C 1 WW-Slalom
Länge 4 m
Breite 70 cm
Gewicht ca. 10 kg

Paddel

Es gibt Stechpaddel in verschiedenen Längen zwischen 140 und 160 cm.

Sie alle haben ein gerades (also ungekehltes) und symmetrisches Blatt.

J-Schlag

Da nur auf einer Seite gepaddelt wird (im Einer oder beim Alleinpaddeln im Zweier) ist es - um nicht dauernd im Kreis zu fahren - nötig, eine besondere Schlagtechnik anzuwenden. Es ist dies der J- oder Canadierschlag. Damit wird das Boot vorwärtsgetrieben und zugleich auf Kurs gehalten.

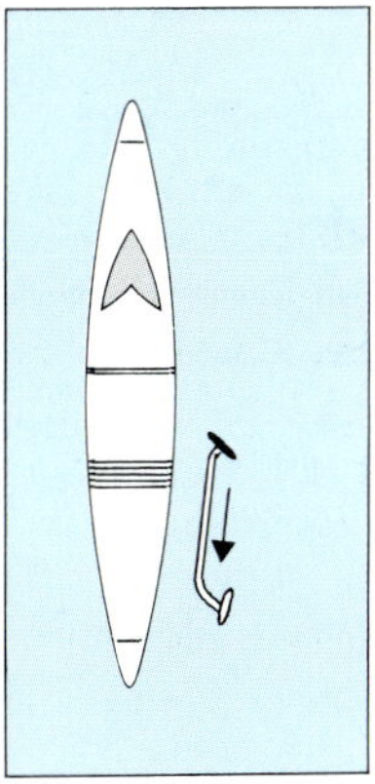

Canadier J-Schlag rechts.

Dieser Schlag ist in der ersten Phase fast ein normaler Vorwärtsschlag. In der letzten wird das Paddelblatt kurzzeitig zur Steuerung benützt. Da jede Steuerung Energie kostet, wird verständlich, daß diese Paddeltechnik weniger effektiv ist. Im Einer-Canadier sind naturgemäß nie die schnellen Zeiten wie im Einer-Kajak zu erreichen.
In weiter Auslage setzt man das Paddel *möglichst weit vorne* ein. Dabei steht am Anfang eine kurze *Zugbewegung zum Boot.* Dann erfolgt der Durchzug und schließt mit einem deutlichen *Drücken vom Boot weg* ab. Man zieht das Boot also zunächst auf Kurs, treibt es dann voran und verhindert mit dem steuernden Ausdrücken ein Ausscheren. Es läßt sich also mit etwas Übung und Gefühl auch aus nur einer Arbeitsseite gerade halten. Leichter geht es natürlich, wenn zwei Leute paddeln. Dies kann nun auf jeder Seite erfolgen, und der Steuerschlag ist unnötig.

Steuerschlag

Beim Steuerschlag setzt man das Paddel *hinten* ein und führt - steuert - das Boot in die gewünschte Richtung. Das Blatt dient somit als Steuerruderersatz.
Alle anderen wichtigen Schläge (Grundschläge, Ziehschläge) und die Stützschläge lassen sich nahezu unverändert von der Doppelpaddeltechnik ableiten. Das glei-

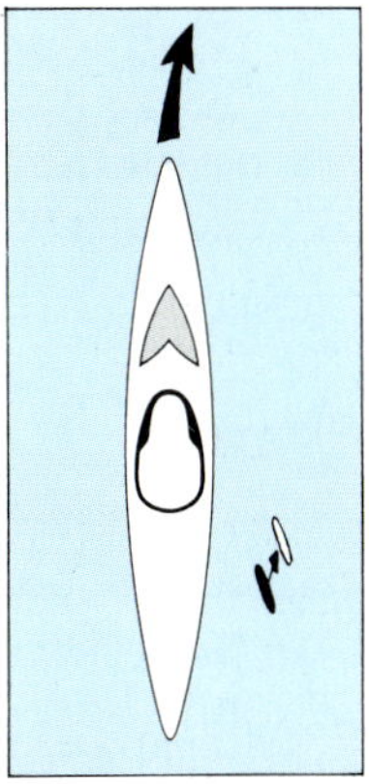

Beim isolierten Steuerschlag übernimmt das Paddel Steuerruderfunktion. Es dient dann nur der Kurshaltung.

che gilt für die Bootsmanöver. Einschlingen, Seilfähre oder Schwallfahren erfordern dieselbe Fahrtaktik. Schwierigere Flußstrecken, vor allem mit enger Verblockung, wird man mit dem offenen Canadier ohnehin nicht fahren.

Tips:

- Üblicherweise sitzt der stärkere Fahrer hinten. Er bestimmt auch die Fahrt.
- Im Zweier-Canadier paddelt der Hintermann meist rechts und der Vordermann auf der linken Seite.
- Weite Auslage beider Paddler ergibt eine breite Basis in Turbulenzen und damit eine enorm hohe Kippsicherheit.
  Boote mit Kiel sollten nicht auf Flüssen verwendet werden.
- Wechseln Sie, wenn Sie zu zweit paddeln, alle 10 Minuten die Paddelseite. So gewöhnen Sie sich an eine beidseitige ausgeglichene Paddeltechnik

Hinweise

Offene Canadier nehmen schnell Wasser über. Jede Art von *Gepäck* sollte also *wasserdicht verstaut* sein. Es gibt dafür ausgezeichnete Packsäcke in jeder Größe. Diese Säcke sollten auch stets fest verzurrt werden.
Canadier bieten durch die Freibordwände erheblichen *Windwiderstand.* Bei Fahrten auf Seen kann Seitenwind daher zu einem echten Problem werden. Vollbepackte Canadier werden »schwerfällig« und nur mehr mühsam steuerbar. Im schnelleren Wasser kann dieser Punkt recht wichtig werden. Dies gilt besonders für das Anlanden vor Wehren oder in kleinen Kehrwassern.
Auch das *Bergen* eines gekenterten schweren Canadiers kann ein Problem sein. Ein kleiner Tip: Lassen Sie auf lebhafteren Strecken eine 15 m lange, 8 mm starke Reepschnur vom Heck aus mitschwimmen. Die Schnur darf allerdings keine Knoten oder Schlaufen haben. Wenn das Boot kentert, können Sie die Schnur fassen, damit leicht zum Ufer oder in Ufernähe schwimmen und dann den Canadier mit Hilfe der Leine bergen.

Während sich das freie Kanufahren mehr mit der Natur, dem Erlebnis und nur zu einem Teil mit dem sportlichen Aspekt befaßt, geht es beim Wettkampf eben um Kampf. Besonders um Kampf gegen die Zeit und indirekt gegen den Gegner. Leistungswille und die physische Befähigung sind dabei ausschlaggebend.

Wildwasserrennsport

Die wichtigste Disziplin ist der K 1 (Kajak-Einer). Dabei wird eine Wildwasserstrecke, meist im unteren Schwierigkeitsbereich, möglichst schnell durchfahren. Die Streckenlänge liegt bei ca. 5 km, die Fahrzeiten betragen um 20 Minuten. Es werden spezielle Boote – Abfahrts-

Ein kraftvoll paddelndes Canadierteam zeigt die ganze Faszination dieser Disziplin.

boote – verwendet. Dafür gibt es Maßvorgaben: größte Länge 4,50 m, geringste Breite 0,60 m. Andere Disziplinen sind: C 1 (Canadier-Einer), C 2 (Canadier-Zweier), C 2 mixed (Dame und Herr im C 2) und Mannschaftswettbewerbe, wobei je drei Boote eine Mannschaft bilden.

Kanuslalom

Hier geht es um die Bewältigung eines fahrtechnisch schwierigen Kurses in kurzer Zeit. Die Strecke ist ca. 600 m lang, die Fahrroute durch Tore (25–30 Stück) vorgegeben. Es gibt Tore, die flußab, flußauf, vor- oder rückwärts durchfahren werden. Damit wird sinngemäß eine eng verblockte Flußsituation simuliert. Die Boote müssen mindestens 4 m lang und 60 cm (C 1 = 70 cm, C 2 = 80 cm) breit sein. Gewertet wird nach Zeit und Torfehlern.

Die positive Entwicklung dieses Sports und vor allem das hohe Können der Konstrukteure haben zu Booten geführt, die für die vorkommenden Gewässer optimal ausgelegt sind.

Allerdings konnten die Wettkampfregeln mit dieser Entwicklung nicht Schritt halten. So wurden die Boote immer flacher, kleiner und kürzer. Nur um des abstrakten Maßes willen werden sog. Wettkampfspitzen aufgesetzt, die zu dieser merkwürdig anmutenden Form geführt haben.

Die Bedeutung des Wettkampfsports wird besonders in der Bootsentwicklung und in der Fahrtechnik deutlich. Im Bootsbau haben die Hersteller Gelegenheit, optimale Formen zu entwickeln, die leichtesten Materialien einzusetzen und die Ergebnisse schnellstens zu verwerten.

Die Fahrtechnik gelangt durch Wettbewerbe zur Höchstform. Im Slalom sieht man die präzisesten Fahrmanöver, den exaktesten Umgang mit der Strömung und dem Sportgerät.

Geschicklichkeit und Präzision sind die dominierenden Eigenschaften im Slalom.

Abfall Stufe im Flußbett, Gefällstufe, Wasserfall

Abschwingen Ausschwingen, Herausfahren aus der Strömung in ein Kehrwasser

Alpinstart Landstart

Anfangsstabilität Widerstand (Lage) des Bootes am Beginn des seitlichen Kippens

Asymmetrisches Paddel Jedes Paddelblatt ist auf einer Seite (Ecke) abgeflacht; besonders für seichte Gewässer

Aufdrehen Eskimotieren, Rollen

Aufkanten Seitliches Aufstellen des Bootes durch Schenkeldruck

Auslage Stützen außerhalb des Körperschwerpunktes

Block Stein, Fels, Riegel, Rippe

Canyon Cañon – Klamm

Delaminieren Trennung des Harzes von der Armierung

Duffek, Milo Tschechisch-schweizerischer Slalomspezialist; gilt als Begründer der modernen Ziehtechnik im Kanuslalom

Durchschlag Schaden am Boot, verursacht durch einen die Bootsschale durchdringenden Steinschlag

Einschwingen Einfahren in die Strömung

Endstabilität Widerstand (Lage) des Bootes vor dem Kippunkt

Epoxidharz Einbettungsharz für Glasfasern und Gewebe (Armierung)

Eskimorolle Überlebenswichtige Wiederaufrichtetechnik der Eskimojäger im Eismeer.

Floßgasse Wassergerinne speziell für Flöße; meist an Wehren als Umleitung gebaut

Geschiebesperre Sperrbauwerk zur Geschiebezurückhaltung, insbesondere vor Stauseen

Gieren Aus-dem-Kurs-Laufen des Bootes

Glatthaut Neopren, das an der Außenseite glatt ist und damit geschlossene Luftporen aufweist; beste Isolierung

Gleithang Anschwemmung, Anspülung, meist an Kurveninnenseiten

Holztrift Holztransport in Einzelstämmen auf Flüssen

Hüftknick Abknicken des Körpers in Hüfthöhe

ICF International Canoe Federation, Dachverband der nationalen Organisationen, Ausrichten der Weltmeisterschaften und zuständig für internationale Themen des Kanusports

Kaschiert Stoffbeschichtung, besonders bei Neopren (s. d.)

Keeswasser Gletscherschmelzwasser, meist milchig trüb

Kehlung Konkave (vertiefte) Fläche des Paddelblattes; je stärker die Kehlung ausgebildet ist, desto besser ist der »Wassergriff« beim Vorwärtsschlag; allerdings steigt dadurch auch die Neigung zum »Flattern« des Paddels beim Durchzug

Kenterleine Seilende, das am Heck befestigt ist und im Schwimmfall ein freieres und gezielteres Schwimmen mit Boot ermöglichen soll; wenig gebräuchlich

Kentersack Am Süllrand eingehängter, bis zu den Füßen reichender wasserdichter Sack; vermindert die eindringende Wassermenge beim Schwimmfall; heute nicht mehr gebräuchlich.

Kevlar Anorganische Polyamidfaser mit hoher Zugfestigkeit (doppelt so stark wie Glasfaser)

Kielsprung Bootslinie der Unterschale von Spitze zu Spitze

Klause Stauanlage zur Holztrift

Kniehänger Hängenbleiben mit der Kniekehle im Süllrand; äußerst gefährlich bei Steckunfällen

Kohlefaser Carbonfaser – hergestellt aus organischen Fasern (mehrfach zugfester als Glasfaser)

Laminat Die Mischung aus Harz und Armierung (Gewebe, Matte etc.)

Loch Zugelaufene Walzengrube, (s. d.) meist turbulent, schäumend und »haltend«

Neopren Geschäumte Gummiart; handelsübliche Stärken 2,5 mm–5 mm; das Material wird ein- oder beidseitig kaschiert (s. d.)

Oberkielung Ausformung des Oberdecks in Knickspantform; bewirkt kontrolliertes, ruhigeres Auftauchen bei Gefällstufen

Objektive Gefahren Gefahren, die durch ein Objekt begründet sind, z. B. Siphons (s. d.) oder Baumhindernisse

Paddelbrücke Querlage des Paddels über Boot und Ufer

PE-Boot Polyethylen-Boot
Pegel Wasserstandsmeßpunkt; oft kombiniert mit der Pegelschwelle (Betonschwelle) und einer Vorrichtung zur Messung der Fließgeschwindigkeit
Penetration Durchdringung des Wassers durch den Bootskörper
Pilz Aufquellendes Wasser
Polyester Duroplast, Einbettungsharz für Glasfaser
Regatta Wassersportwettbewerb
Rundschlag Bogenschlag
Schütz Bewegliche Platten an Wehren zum Wasserstau
Scoop Aufbiegung des Bugs
Seitenwasser Quer zum Boot einwirkendes Wasser; man versucht, diese Kraft durch Abrundung der Bootswangen gering zu halten; das Gegenteil ist bei einem kastenförmigen Spant der Fall
Siphon Siehe Kapitel »Gewässer«, Seite 15
Spant Querbauteil eines Schiffes (Faltbootes)
Spantform Querschnitt durch ein Boot; die Spantform hat erheblichen Einfluß auf die Lagestabilität und Fahreigenschaften eines Bootes
Stauschlag Konterschlag, Rückwärts- oder Bremsschlag
Streichen Paddelführung an der Wasseroberfläche mit geringem Druck
Stromzunge Ohne Rückstau glatt abfließendes Wasser
Stufe Abfall (s. d.)
Subjektive Gefahren Gefahren, die sich aus der Person des Fahrers ergeben, z. B. Sorglosigkeit, Übelkeit, Behinderung etc.
Treideln Bootsschlepp von Land aus (Treidelleine)
Turbulenz Verwirbelte Strömung
Unterkielung Auf Kiel gebautes Unterschiff. Der Kiel kann durchgehend oder auch nur in Teilen der Unterschale ausgebildet sein. Dies ist bei WW-Booten meist im vorderen Viertel der Fall
Unterschneiden Ungewollte Paddelbewegung unter Wasser
Unterspülung Auswaschung unter der Wasserlinie (bei Felsen)
Vernetzung Chemisches Verfahren zur Veränderung von Materialeigenschaften bei Kunststoffen; durch Zusatzstoffe werden lineare Molekularstrukturen untereinander verbunden (vernetzt)
Verschneidung Schnittlinie zweier Strömungen
Walzengrube Schnittstelle zwischen der Walze und dem ankommenden Wasser
Wehrkrone Abrißkante des Wassers an einem Wehr